Heinrich Heine
Dichter der Nordsee

„Geschrieben auf der Insel Norderney.“

W0035639

Heinrich Heine
Dichter der Nordsee

„Geschrieben
auf der
Insel Norderney."

Michael Fleischer

Norderney 2001

Michael Fleischer:
Heinrich Heine. Dichter der Nordsee
„Geschrieben auf der Insel Norderney."
1. Auflage
Norderney 2001
Druck: Color-Druck Dorfi GmbH, Berlin

ISBN 3-00-007987-4

Copyright © by Verlag Michael Fleischer
www.verlag-michael-fleischer.de

Inhalt

Einleitung

„(Geschrieben auf der Insel Norderney.)

- - - Die Eingeborenen sind meistens blutarm und leben vom Fischfang, der erst im nächsten Monat, im Oktober, bei stürmischem Wetter, seinen Anfang nimmt. Viele dieser Insulaner dienen auch als Matrosen auf fremden Kauffahrteischiffen und bleiben jahrelang vom Hause entfernt, ohne ihren Angehörigen irgend eine Nachricht von sich zukommen zu lassen. Nicht selten finden sie den Tod auf dem Wasser. Ich habe einige arme Weiber auf der Insel gefunden, deren ganze männliche Familie solcher Weise umgekommen; was sich leicht ereignet, da der Vater mit seinen Söhnen gewöhnlich auf demselben Schiffe zur See fährt.

Das Seefahren hat für diese Menschen einen großen Reiz; und dennoch, glaube ich, daheim ist ihnen allen am wohlsten zu Mute. Sind sie auch auf ihren Schiffen sogar nach jenen südlichen Ländern gekommen, wo die Sonne blühender und der Mond romantischer leuchtet, so können doch alle Blumen dort nicht den Leck ihres Herzens stopfen, und mitten in der duftigen Heimat des Frühlings sehnen sie sich wieder zurück nach ihrer Sandinsel, nach ihren kleinen Hütten, nach dem flackernden Herde, wo die Ihrigen, wohlverwahrt in wollenen Jacken, herumkauern, und einen Tee trinken, der sich von gekochtem Seewasser nur durch den Namen unterscheidet, und eine Sprache schwatzen, wovon kaum begreiflich scheint, wie es ihnen selber möglich ist, sie zu verstehen."

Mit diesen Zeilen beginnen Heinrich Heines „Reisebilder. Die Nordsee (1826). Dritte Abteilung". Sie sind trotz des Vermerks „Geschrieben auf der Insel Norderney." nur zum Teil 1826 auf Norderney geschrieben worden. Der Dichter vollendet sie in Lüneburg, wo er bei seinen Eltern lebt. Im Frühjahr 1827 werden sie in Hamburg vom Verleger Campe veröffentlicht. Da das Buch auch massive Kritik an den gesellschaftlichen Zuständen enthält, erwartet Heine einen Skandal und entzieht sich durch eine Reise nach London möglichen

Anfeindungen. In der literarischen Öffentlichkeit Deutschlands erregt das Werk entgegen Heines Befürchtung zunächst wenig Aufsehen. Anders auf Norderney. Dort gibt es einen Sturm der Entrüstung, weniger bei den Insulanern, von denen die wenigsten des Lesens so kundig sind, daß sie Journale oder gar Bücher lesen. Aber die vornehmen Gäste der Insel, vorwiegend Adlige aus dem Königreich Hannover, empören sich. Daß Heine seine Schrift mit den ironischen Bemerkungen über die Insulaner einleitet, mag sie noch amüsiert haben.

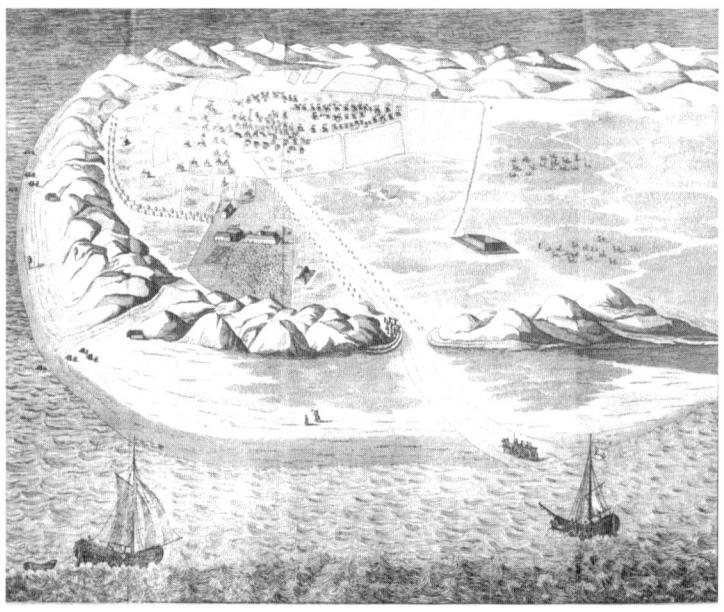

Norderney 1815

Aber die folgenden Seiten mit den satirischen Hieben gegen den „hannövrischen Adel" empfinden sie als Beleidigung. Und so sinnen sie während der Sommersaison 1827 auf Rache an dem jungen Dichter, der sie bisher allerdings nicht mit seiner Gegenwart beehrt hat wie in den vergangenen zwei Sommern.

Wer ist dieser bei den adligen Gästen Norderneys so wenig beliebte Schriftsteller, der sich in den Sommern 1825 und 1826 unter das

Eh bien, cet homme c´est moi
Heine 1829

Salomon Heine

Badepublikum gemischt hat? Was zieht ihn ins erste Nordseebad an der deutschen Küste?

Heinrich Heine, geboren 1797 in Düsseldorf als Harry Heine, Sohn von Samson und Betty Heine, geb. van Geldern, wächst in gutbürgerlichen Verhältnissen auf. Samson Heine betreibt ein Textilgeschäft in Düsseldorf, und Harry macht nach dem Besuch der Mittelstufe eines Lyceums eine Ausbildung zum Kaufmann, erst in Frankfurt, dann ab 1816 in Hamburg bei seinem Onkel, dem Bankier Salomon Heine. Dieser richtet ihm 1818 sogar ein Manufakturwarengeschäft ein, das allerdings in den Bankrott seines Vaters mit hineingezogen wird. Als der Vater erkrankt und arbeitsunfähig wird, muß die Familie Düsseldorf verlassen. Sie lebt, nach einem kurzen Zwischenaufenthalt in Oldesloe, in Lüneburg. Onkel Salomon trägt in großzügiger Weise zum Lebensunterhalt der Heines bei.

Harry gibt nach seinem geschäftlichen Mißerfolg die Laufbahn als Kaufmann auf und studiert mit finanzieller Hilfe seines Onkels Jura in Bonn, Berlin und Göttingen.

Er schließt sein Studium 1825 in Göttingen mit einer juristischen Dissertation ab. Das Prüfungsergebnis ist ein bescheidenes „Befriedigend". Sein Doktorvater Professor Hugo entläßt ihn jedoch mit einem großen Lob seiner Dichtungen, die durchaus eines Goethe würdig seien. Kurz vorher hat sich Heine taufen lassen, in der nüchternen Überlegung, daß seine jüdische Religionszugehörigkeit ihm jeden Einstieg ins Berufsleben versperren würde. Sein Name lautet von nun an vollständig Christian Johann Heinrich Heine. Den Vornamen Heinrich benutzt er aber selten. Er unterschreibt grundsätzlich mit „H. Heine".

Welchen Weg er beruflich einschlagen soll, ist ihm noch unklar.

Naheliegend ist ein juristisches Amt in Hamburg, was durch Protektion seines wohlhabenden Onkels Salomon Heine für ihn in erreichbarer Nähe zu liegen scheint. Da seine Interessen aber mehr der Literatur und der Dichtung gelten, faßt Heine auch die Möglichkeit einer entsprechenden akademischen Anstellung in Berlin oder München ins Auge. Zunächst will er aber etwas für seine Gesundheit tun, denn heftige Kopfschmerzen quälen ihn seit langem.

Dem Studienfreund Ferdinand Oesterley in Göttingen schreibt er am 14. August 1825 aus Norderney: „Ueber Hals und über Kopf reise ich ab um hierher zeitig ins Seebad zu gelangen. [...] 4 Wochen bleib ich hier und mache unterdessen oder nachher einen Abstecher nach Holland. In Embden habe ich schon den Vorgeschmack des holländischen Wesens genossen; ich wollte mich todt lachen als ich die erste hübsche Holländerin küßte, und sie pflegmatisch still hielt und nichts sagte als immerwährendes myn heer! [...] Ich soll ja hier an gar nichts denken und bloß des Morgens den Kopf in die schäumenden Wogen der Nordsee sorglos hineinstecken. - Hab schon 4 mahl gebadet und befinde mich wohl." Dem Freund gegenüber schlägt Heine einen gewissen Renommierton an. Prahlerei mit amourösen Abenteuern gehört zum studentischen Gehabe, das Heine hier noch pflegt. Die im Brief angekündigte Fahrt nach Holland hat Heine dann doch nicht unternommen, da ihm auf Norderney das Geld ausgeht. Auch ein Jahr später muß er den Plan, Holland einen Besuch abzustatten, aufgeben. Diesmal herrscht dort eine Fieberepidemie, die es ihm ratsam erscheinen läßt, unverzüglich nach Hause zu fahren.

Über die Reisezeiten geben zeitgenössische Reiseführer an, daß man z. B. 1830 von Hamburg nach Norderney mit dem Paquet-Boot bei günstigem Südost-Wind 20 Stunden benötigt. Heine macht eine solche Reise 1826, allerdings mit einem Zwischenaufenthalt von einer Woche in Cuxhaven, da der Wind ungünstig steht.

Von Emden bis Norderney benötigt man mit dem Segelschiff 8 -10 Stunden. Nimmt man den Landweg bis Norddeich, so kann man die Insel nach einer Überfahrt von 1 bis 2 Stunden, je nach den Windverhältnissen, erreichen. In der Regel fahren die Segelboote kurz nach Hochwasser in Norddeich ab, um den Ebbstrom zu nutzen, der die Fahrt der Schiffe bis kurz vor Norderney unterstützt.

Heine ist 1825 auf seiner ersten Reise nach Norderney über Emden, also nach einer Fahrt von etwa acht Stunden, mit dem Segelschiff auf der Insel angekommen. Unter der Nummer 484 wird er am 13. August im „Siebenten Verzeichniß der auf der Insel Norderney ankommenden Badegäste und Fremden (Vom 11ten bis zum 17ten August 1825)" als „Dr. jur. Heine, aus Göttingen" verzeichnet.

Das Schiff ankert im ungefähr einen Meter tiefen Wasser. Hochrädrige Pferdekutschen fahren an das Schiff heran und übernehmen die Passagiere samt ihrem Gepäck und bringen sie auf die Insel.

Am Durchlaß des Weges zwischen den südlichen Randdünen der Insel hat eine kleine Musikkapelle Aufstellung genommen und begrüßt die Neuankömmlinge, wofür am nächsten Tag ein Obolus zu entrichten ist. Heine wird ihn gern gezahlt haben, denn noch hat er die Tasche voll Geld, das ihm sein Onkel für die Badereise zur Verfügung gestellt hat.

Mit festem Händedruck wird Heine von seinem Gastgeber begrüßt und in sein Quartier geleitet. Es ist in einem kleinen Fischerhaus, vermutlich nicht weit von der Kirche östlich gelegen in der Osterstraße oder der Langestraße. Die Briefadresse Heines ist nicht mit der Unterkunft identisch, denn es handelt sich bei ihr um die Anschrift des Badekommissars

Heine im Verzeichnis der Badegäste Norderneys

Fischerhäuser auf Norderney

„Ueber Hals und über Kopf reiste ich ab
um hierher zeitig ins Seebad zu gelangen "

Norderney, 14. August 1825

...

FRISIA

AKTIENGESELLSCHAFT REEDEREI NORDEN-FRISIA

Die Reederei für Norderney

Auch für

IHN

*hätten wir heute
das richtige*

SCHIFF...

Die Insel Norderney, vom Bade-Strande.

Ruppersberg, der neben dem Kurhaus logiert. Dort holt sich Heine die ankommende Post ab.

Briefe von Heine an seine Bekannten werden von einem Diener zum Posthaus und von dort zum nächsten Postschiff gebracht.

Auf dem Festland wartet die Postkutsche, die im Eiltempo abfährt, so daß erstaunlich kurze Brieflaufzeiten zu verzeichnen sind. Ein auf Norderney aufgegebener Brief ist im günstigen Fall nach drei oder vier Tagen in Hamburg oder Berlin beim Empfänger.

Die Insel Norderney zählt 1825 ungefähr 650 Einwohner in 135 Häusern. Für die Gäste stehen 343 Betten zur Verfügung. 53 Familienvorstände bezeichnen sich als Fischer, weitere 21 Personen finden als Matrosen auf den Fischerbooten Arbeit. 29 Witwen sind im Einwohnerverzeichnis aufgeführt. Sie sind ein Hinweis auf den gefährlichen Beruf der Norderneyer Fischer. Heine hat einen aufmerksamen Blick für die harten Lebensbedingungen der Insulaner und berücksichtigt sie in der literarischen Darstellung Norderneys.

Über Heines äußere Erscheinung läßt sich ein nur mit Einschränkung gültiges Bild gewinnen. Die Angaben der Zeitgenossen weichen teilweise erheblich voneinander ab. Von dem Studenten Heine in Berlin

Postamt auf Norderney

gibt Elise von Hohenhausen, die in Berlin einen geselligen Gesprächs-
kreis, einen „Salon", unterhält, folgende Beschreibung (1821/23):
    „Er war klein und schmächtig von Gestalt, blond und blaß, ohne
irgend einen hervorstechenden Zug im Gesicht zu haben, doch von
eigenthümlichem Gepräge, so daß man gleich aufmerksam auf ihn
wurde und ihn nicht leicht wieder vergaß." (Houben, S. 37) J. Levin
Braunhardt, sich an die gleiche Zeit in Berlin erinnernd, schreibt:
„Seine Gestalt war mehr groß als gedrungen, sein schönes, noch
jugendliches Gesicht strotzte von Gesundheit. Sein hübschgeformter
Kopf war mit blonden Haaren bedeckt. Von seiner orientalischen
Abstammung war in seinem Äußeren nichts zu erkennen. Er war stets
modern und elegant gekleidet. Mit einem Worte: „He was a real
gentleman comme il faut", von der Fußsohle bis zum Scheitel. [...]"
(Houben, S. 52)
    Carl Wilhelm Wesermann erinnert sich: „Als ich Heine Anfangs
1822 zuerst in Berlin traf, machte seine äußere Erscheinung im Alter
von 25 bis 26 Jahren einen angenehmen Eindruck; er war zwar nur 5 Fuß
3 Zoll groß (etwas unter Mittelgröße), dabei aber schlank und sehr
proportionirt gewachsen; seine Gesichtszüge waren regelmäßig, und
zeugten fast gar nicht von seiner israelitischen Abkunft; er hatte etwas
bleichen Teint, keinen Bart, und war ganz nach der Mode gekleidet,
nämlich mit schwarzem Frack, schwarzen Pantalons, spitzen Stiefeln,
schwarzer Weste, hoher weißer Kravatte, welche das Kinn etwas

bedeckte und hohem Filzhut mit breiten Krämpen (Bolevar genannt). Er speiste mit seinem Freunde dem Dichter von Maltiz im Caffe national unter den Linden, und lebte überhaupt auf noblem Fuße. -" (Heine-Erinnerungen, Houben/Werner S. 59)

Die Angaben in Heines Reisepaß, ausgestellt in London vom hanseatischen Konsulat im Jahr 1827, lauten:

„Größe 5′ 2′′ *(= 158 cm)*, Alter 28 Jahre *(Heine gab also 1799 als Geburtsjahr an)*, Haare braun, Stirne hoch, Augenbrauen braun, Augen bräunlicht, Nase gebogen, Mund groß, Bart braun, Kinn oval, Angesicht länglich, Gesichtsfarbe gut, Besondere Kennzeichen - - -" (Heines Briefe. Hrsg. von F. Hirth. IV. Bd. 1 Kommentarband. Mainz 1951. S. 151.)

Man kann sich demgemäß Heine als einen mittelgroßen, modisch gekleideten und deshalb elegant wirkenden jungen Mann vorstellen, als er im August 1825 als Badegast auf Norderney eintrifft.

Heine als Badegast
auf Norderney

„...Ich lerne schwimmen"

Die Mediziner des 18. Jahrhunderts hatten das Baden im kalten Seewasser, besonders im Salzwasser der Nordsee, bei vielfältigen Krankheiten als heilsame Therapie erkannt. Der Göttinger Gelehrte Georg Christoph Lichtenberg (1742-1799) war von seinen guten Erfahrungen in England begeistert und propagierte deshalb 1793 die Errichtung eines Seebades auch in Deutschland. Über den Badebetrieb in England gibt er genau Auskunft:

„Man besteigt ein zweirädriges Fuhrwerk, einen Karren, der ein von Brettern zusammengeschlagenes Häuschen trägt, das zu beiden Seiten mit Bänken versehen ist. Dieses Häuschen, das einem sehr geräumigen Schäferkarren nicht unähnlich sieht, hat zwei Türen, eine gegen das Pferd und den davor sitzenden Fuhrmann zu, die andere nach hinten.

Georg Christoph Lichtenberg
Professor der Physik in Göttingen

Ein solches Häuschen faßt vier bis sechs Personen, die sich kennen, recht bequem und selbst mit Spielraum, wo er nötig ist. An die hintere Seite ist eine Art von Zelt befestigt, das wie ein Reifrock aufgezogen und herabgelassen werden kann. Wenn dieses Fuhrwerk, das an den Badeorten eine Maschine heißt, auf dem Trockenen in Ruhe steht, so ist der Reifrock etwas aufgezogen, vermittelst eines Seils, das unter dem Dach des Kastens weg nach dem Fuhrmann hingeht. An der hinteren Tür findet sich eine schwebende, aber sehr feste Treppe, die den Boden nicht ganz berührt. Über dieser Treppe ist ein frei hängendes Seil befestigt, das bis an die Erde reicht und den Personen zur Unterstützung dient, die, ohne schwimmen zu können, untertauchen wollen, oder sich sonst fürchten. In dieses Häuschen steigt man nun, und während der Fuhrmann nach der See fährt, kleidet man sich aus. An Ort und Stelle, die der Fuhrmann sehr richtig zu treffen weiß, indem er das Maß für die gehörige Tiefe am Pferde nimmt und es bei Ebbe und Flut, wenn man lange verweilt, durch Fortfahren oder Hufen [*] immer hält, läßt er das Zelt nieder. Wenn also der ausgekleidete Badegast alsdann die hintere Tür öffnet, so findet er ein sehr schönes, dichtes leinenes Zelt, dessen Boden die See ist, in welche die Treppe führt. Man faßt mit beiden Händen das Seil und steigt hinab. Wer untertauchen will, hält den Strick fest und fällt auf ein Knie, wie die Soldaten beim Feuern im ersten Gliede, steigt alsdann wieder herauf, kleidet sich bei der Rückreise wieder an usw." [*das Pferd schrittweise sich bewegen lassen] (G. C. Lichtenberg, Warum hat Deutschland noch kein großes, öffentliches Seebad? 1793)

Professor Dr. Samuel Gottlieb Vogel, der rührige Leibmedicus des Herzogs von Mecklenburg-Schwerin, setzt die Forderung Lichtenbergs noch 1793 in die Tat um. Am 22. Juli 1793 steigt der Landesherr Friedrich Franz I. bei Heiligendamm (Doberan) ins Meer und eröffnet die erste Badesaison in Deutschland. Ein Jahr später besucht der ostfriesische Arzt Dr. Friedrich Wilhelm von Halem Doberan und nutzt die hier gemachten Erfahrungen für seinen Plan, auch an der Nordsee ein Bad

Badekutschen in Cuxhaven/Ritzebüttel

einzurichten. Seine Wahl fällt auf Norderney. Mit Hilfe des Vorsitzenden der ostfriesischen Stände, Carl Gustav Freiherr zu Inn- und Knyphausen, wird Norderney 1797 als Kurbad proklamiert. Der Badebetrieb wird erst 1799 in größerem Umfang aufgenommen. Schon nach wenigen Jahren wird er zwischen 1806 und 1813 unter französischer Herrschaft eingestellt. Erst von 1814 an nimmt das Bad, jetzt zum Königreich Hannover gehörend, eine stetige Aufwärtsentwicklung.

Nach englischem Vorbild läuft der Badebetrieb auch in Deutschland ab. Badekarren, von Pferden gezogen oder auch von Badeknechten, gibt es an den Stränden von Bad Doberan, Norderney und Cuxhaven/Ritzebüttel. Badebekleidung ist nicht vorgesehen, vor ihr wird aus medizinischen Gründen gewarnt: „Badehemden, Beinkleider im Bade, sind nicht zu rathen, und mindern den Nutzen desselben", so der Arzt Dr. Vogel in seinen Baderegeln, die er 1798 den Badegästen von Doberan für einen erfolgreichen Verlauf der Badekur mit auf den Weg gibt. In einer Anmerkung liefert er dem Leser die medizinische Begründung: „Es geht dadurch nicht allein zum Theil der Impuls und der stärkende schnelle Reitz des Wassers auf die Haut verlohren, sondern gerade die bedeckten Theile sind auch am ersten Verkältungen ausgesetzt, welche noch mehr dadurch veranlaßt werden, daß das Ausziehen der nassen Badekleidung das geschwinde Abtrocknen und

Dame unter dem Schirm
einer Badekutsche

Abreiben aufhält und daß die Luft viel empfindlicher auf die bedeckt gewesenen Theile wirkt." (Samuel Gottlieb Vogel, Zur Nachricht und Belehrung für die Badegäste in Doberan im Jahre 1798. Rostock 1798. In: Saison am Strand. Badeleben an Nord- und Ostsee. 200 Jahre. Koehlers Verlagsgesellschaft. Herford. 1986. S. 113)

Ein zeitgenössischer Bericht schildert das Badewesen auf Norderney:

„Zu den kalten Bädern sind ungemein zweckmäßige Badekutschen errichtet worden, die aus großen viereckigen Leinwandzelten bestehen, welche auf einem 2 Fuß hoch befindlichen Gestelle mit vier breiten Rädern befestigt sind und bloß nach hintenzu offen stehen, worin man sich stehend und sitzend an- und ausziehen kann. An dem offenen Ende ist ein großer in einem Bogen vorfallender Faltschirm angebracht, der beim Baden heruntergelassen wird. An dem anderen Ende befindet sich die Deichsel, vermittels welcher die Badewärter die Wagen so weit es den Badenden beliebt, vom Strande in die See fahren. Durch eine angebrachte Klingel gibt man das Zeichen, um wieder zurückgefahren zu werden. Man erhält eine solche Badekutsche während der ganzen Badezeit von früh 6 Uhr an bis Sonnenuntergang. Wer sich noch der besonderen Hilfe der Aufwärter oder Aufwärterinnen zum Abtrocknen und Frottieren bedienen will, zahlt ihnen ein kleines Trinkgeld, wofür sie die Dienstfertigkeit selbst sind. Zugleich tragen sie ungemein aufmerksame Sorge dafür, daß kein Badender sich zu weit in See begebe." (Karl Schulz: Zeitung für die elegante Welt. Leipzig 1817. In: Die Badereise nach Norderney. Das Seebad Norderney in Reiseberichten des 19. Jahrhunderts. Norderney 1996. S. 8 f.)

Heine badet auf Norderney, wie es nach den örtlichen Regeln üblich ist. Selbstverständlich sind aus Gründen des Anstandes auf Norderney

Bade-Kutschen der See-Badeanstalt auf der Insel Norderney

13

wie in allen anderen Badeorten Herren- und Damenbad räumlich weit voneinander entfernt, und eine strenge Aufsicht wacht darüber, daß nicht Neugierige sich dem verbotenen Strand nähern. Anders als in Cuxhaven badet man auf Norderney nach Heines Auskunft jedoch nicht immer unter dem Schirm der Badekutsche. In den „Reisebildern", die Heine 1826 schreibt, heißt es scherzhaft, als der Dichter am Strand wandelnd sich an Göttinnen erinnert fühlt: „[...] ich denke hier an ganz andre, jüngere Göttinnen. Absonderlich, wenn ich am Strande über die schaurige Stelle wandle, wo noch jüngst die schönsten Frauen gleich Nixen geschwommen. Denn weder Herren noch Damen baden hier unter einem Schirm, sondern spazieren in die freie See. Deshalb sind auch die Badestellen beider Geschlechter voneinander geschieden, doch nicht allzu weit, und wer ein gutes Glas führt, kann überall in der Welt viel sehen. Es geht die Sage, ein neuer Aktäon habe auf solche Weise eine badende Diana erblickt, und wunderbar! nicht er, sondern der Gemahl der Schönen habe dadurch Hörner erworben. [...] Die Badekutschen, die Droschken der Nordsee, werden hier nur bis ans Wasser geschoben und bestehen meistens aus viereckigen Holzgestellen, mit steifem Leinen überzogen. Jetzt, für die Winterzeit, stehen

Damenbadestrand auf Norderney

sie im Konversationssaale und führen dort gewiß ebenso hölzerne und steifleinene Gespräche wie die vornehme Welt, die noch unlängst dort verkehrte." (Heine: Reisebilder. Zweiter Teil, II, S. 228 f.)

Heines Anspielung auf den Jäger Aktäon erinnert daran, daß dieser von der Göttin Diana in einen Hirsch verwandelt wurde, nachdem er sie beim Baden beobachtet hatte. Anschließend zerrissen ihn seine eigenen Jagdhunde. Heines Anspielungen auf die lockeren gesellschaftlichen Sitten des adligen Badepublikums auf Norderney wirken provozierend. Ihr frivoler Ton findet nicht überall Beifall. Selbst der wohlwollende Karl August Varnhagen von Ense (1785-1858) fühlt sich in seiner Rezension zu Heines „Reisebildern" genötigt, den möglichen Unmut der Leserinnen und Leser zu dämpfen: „Der Leser findet stets seine Rechnung, sei es nun im angenehmen Erstaunen, in heiterer Befriedigung, in großartiger Erhebung, in unwiderstehlichem Lachen, oder in heimlichem Ärger, in heftiger Ungeduld, in empörtem Unwillen; denn zu allem diesen ist reichlich Anlaß, nur nicht zur Langeweile [...]" (Varnhagen, „Reisebilder" von H. Heine. Zweiter Teil. In: K. A. Varnhagen von Ense, Schriften und Briefe. Stuttgart 1991. S. 188 ff.)

Besonders die auf Norderneys Badegesellschaft gemünzten Spötteleien des Autors könnten Anlaß zum Mißvergnügen geben, meint Varnhagen. Die „Schilderung des Seebades Norderney" sei „voll beißender, scherzhafter und zum Teil auch sehr ernster Laune, in welcher eine tiefe Gesinnung sich nicht verkennen läßt." Damit nimmt Varnhagen den jungen Autor in Schutz, indem er ihn vor dem Vorwurf einer nur auf platte Unterhaltlichkeit zielenden Satire über die feine Gesellschaft Norderneys bewahrt. Wie sich 1827 zeigen wird, nützt diese wohlwollende Rezension Heine nichts Wer

Karl August Varnhagen von Ense
Schriftsteller und Diplomat

15

sich von wem Hörner hat aufsetzen lassen, empfindet der hannöverische Adel nicht als amüsante Frage in unterhaltsamer Gesellschaftsplauderei, sondern als beleidigende Anzüglichkeit.

Im Sommer 1826 schreibt Heine in einem Brief an seinen Freund Friedrich Merckel in Hamburg: „Ich lerne schwimmen." Gern wüßte man die näheren Umstände. Hat Heine einen Schwimmlehrer gehabt? Von den Norderneyern kann damals kaum jemand schwimmen, die Fischersleute schon gar nicht. Schwimmen hält man für überflüssig. Fällt der Fischer bei Sturm über Bord, so verlängere es den Todeskampf nur unnötig, ist die Meinung der Seefahrer. Auch die Badediener können nur in den seltensten Fällen schwimmen. Deshalb kann man annehmen, daß ein kundiger Badegast Heine Schwimmunterricht gegeben hat.

Das Baden in der Nordsee gilt nicht als Vergnügen, sondern als ärztlich verordnete Therapie. Der Unterhaltung der Badegäste dienen andere Beschäftigungen: Segelpartien, Kutschfahrten, Kegeln, Jagdpartien in den Dünen, bei denen auf Kaninchen geschossen wird. Auch die Jagd auf Seehunde ist bei den Badegästen beliebt und wird gern vom Boot aus unternommen. Man fährt bis zur Seehundsbank, steigt aus und bewegt sich flach auf dem Sand „robbend" und dabei die Bewegungen von Seehunden nachahmend auf die Seehundsherde zu, bis man auf Schußweite heran ist. Wem diese Jagd zu anstrengend ist, der legt am Strand auf Möwen an, ein beliebter Sport, den auch Heine ausgeübt hat. Doch scheint er insgesamt dabei wenig Vergnügen empfunden zu haben, wie aus seiner Schilderung hervorgeht:

„Des Versuchs halber, denn ich muß mein Blut besser gewöhnen, ging ich gestern auf die Jagd. Ich schoß nach einigen Möwen, die gar zu sicher umherflatterten, und doch nicht bestimmt wissen konnten, daß ich schlecht schieße. Ich wollte sie nicht treffen und sie nur warnen, sich ein andermal vor Leuten mit Flinten in Acht zu nehmen; aber mein Schuß ging fehl, und ich hatte das Unglück, eine junge Möwe tot zu schießen. Es ist gut, daß es keine alte war; denn was wäre dann aus den armen, kleinen Möwchen geworden, die noch unbefiedert, im Sandneste der großen Düne liegen, und ohne die Mutter verhungern müßten. Mir ahndete schon vorher, daß mich auf der Jagd ein Mißgeschick treffen würde; ein Hase war mir über den Weg gelaufen." (Die Nordsee. III. Abt.)

Heine besucht das Nordseebad Norderney 1825 vor allem aus gesundheitlichen Gründen. Wie schon 1823 in Cuxhaven plant Heine seine Badekur sehr genau. Er tut alles, um dem Rat der Ärzte entsprechend Linderung in der heilsamen Nordsee zu finden. Ein Bad pro Tag, auf wenige Minuten beschränkt, sieht die Therapie vor. Neben Kopfschmerzen leidet Heine auch an krankhaften Veränderungen der Haut, die durch das Bad günstig beeinflußt werden sollen. „Bekam unterwegens die Rose am Bein" lautet eine Briefstelle 1825, als Heine auf dem Weg von Norderney nach Hamburg ist. Medizinhistoriker stimmen darin überein, daß die Krankheit, unter der Heine litt, vermutlich Syphilis gewesen ist, eine der damals am meisten verbreiteten Krankheiten, zu deren prominentesten Opfern auch die Komponisten Franz Schubert und Robert Schumann zählen.

Geldverlegenheiten

„...daß ich das Geld fast ganz vertrödelt...“

Briefen Heines aus Norderney ist zu entnehmen, daß er mit seinem Geld
auf der teuren Badeinsel nie auskam. Damit man seine Klagen über die
zu knappen Geldmittel nachvollziehen kann, ist ein Blick auf die damals
üblichen Preise nötig. Laut Reisehandbuch „Reichard´s Passagier“
kostet 1825 eine Reise mit dem Segelschiff von Stade nach Norderney
„inklusive Beköstigung fünfeinhalb Louisd´or, Domestiken und Kinder
unter 12 die Hälfte“. Im Paket-Ever von Hamburg nach Norderney kostet
die Reise „6 Taler, Domestiken und Kinder die Hälfte“. Zwei Stuben mit
zwei Betten kosten pro Woche 3-4 Reichstaler, ein Bad in der Nordsee
von der Badekutsche aus wird mit $1/6$ Rtl. berechnet, ein warmes Bad
mit $1/2$ Rtl. Mit Badekleid (im Warmbad) kostet es $7/12$ Rtl. Zur Währung
ist folgendes wichtig zu wissen: 1 Reichstaler wird zu 24 „Gute
Groschen“ (=288 Pfennige) gerechnet. Ihm entsprechen 72 Grote
(bremisch), ebenfalls 288 Pfennige (1 Grote = 4 Pfennige). Auf Norderney
werden nach von Halems Angaben die Preise in Reichstalern und
Silbergroschen (Gute Groschen) berechnet.

Für ein einfach eingerichtetes Zimmer zahlt der Badegast
2 Reichstaler in der Woche, eine Wohnung mit zwei Stuben und zwei
Betten kostet 3-4 Reichstaler wöchentlich. Das Mittagessen mit
mehreren Gängen wird mit 12 Silbergroschen ($1/2$ Taler) berechnet,
ebensoviel kostet eine Flasche Rotwein mit 1 Liter Inhalt. Heine
braucht, wenn er ein bescheideneres Zimmer genommen hat, für die
Wohnung höchstens 3 Taler in der Woche, für die Verpflegung
einschließlich der Getränke in der Woche ca. 6 Taler, insgesamt 9 Taler
pro Woche. Hinzu kommt noch ein Taler in der Woche für das Bad,
etwas Trinkgeld, so daß Heine an Kosten pro Woche 10 bis 11 Taler
hat, was ungefähr 2 Louisdor entspricht.

Um die für Heine entstehenden Kosten einschätzen zu können, muß
man berücksichtigen, daß Onkel Salomon dem Studenten im Jahr
400 Taler zur Verfügung gestellt hat, mit denen Heine jedoch nicht
auskam und deshalb das Limit zur Verstimmung des Onkels um
100 Taler überzog. 500 Taler im Jahr entsprechen demnach

ca. 10 Talern pro Woche an Ausgaben, also 2 Louisdor. Das bedeutet, daß Heine auf Norderney wie ein finanziell gut gestellter Student in Berlin oder Göttingen gelebt hat. Von seinen Mitstudenten weiß man, daß Heine wie ein aus wohlhabendem Haus stammender junger Mann lebt, was seinen relativ hohen Geldbedarf erklärt, den er ungeniert von seinem Onkel einfordert. Nach einer neueren Untersuchung (Hauschild/ Weber: Heine, S. 605) verdiente ein durchschnittlicher Zeitungsredakteur 700-900 Rheinische Gulden. Im Jahr 1828 verdiente Heine als Mitarbeiter der „Allgemeinen Zeitung" Cottas insgesamt 225 Friedrichdor (2200 Gulden). Rechnet man 1 Friedrichdor (ungefähr einem Louisdor gleichzusetzen) zu 10 Gulden, so ergibt sich mit ca. 1^{1}/2 Friedrichdor für einen Redakteur ein geringeres Einkommen in der Woche, als Heine als Badegast auf Norderney zur Verfügung hat. Nach eigenen Angaben hat Heine im Sommer 1825 für seine Badekur von vier Wochen einschließlich Reisekosten 50 Louisdor zur Verfügung. Nach den oben angestellten Berechnungen braucht er für diese Zeit 10 - 15 Louisdor für Hin- und Rückfahrt, vielleicht auch 20. Für Unterkunft, Verpflegung und Bad benötigt er allenfalls 10 - 12 Louisdor in den vier Wochen. Seine Reise- und Aufenthaltskosten betragen also 30 - 40 Louisdor. Da er Freund Sethe gegenüber 50 Louisdor als Reisekosten angibt, ergibt sich ein Defizit von 10 Louisdor, das vermutlich im Spielkasino geblieben ist. Sein dringendes Ersuchen an Sethe im August 1825, ihm 6 Louisdor zu schicken, deutet darauf hin,

Gebhard Leberecht Blücher
(1742-1819)

daß Heine diese Summe beim Spiel verloren haben könnte.

Schon Feldmarschall Gebhard Leberecht von Blücher, der Sieger über Napoleon 1815 in der Schlacht von Belle-Alliance, ist 1803 bis 1805 bei seinen Aufenthalten auf Norderney am Spieltisch beim Pharaospiel, einem Kartenspiel, geschröpft worden. Heine lernt den berühmten Mann 1816 im Hause seines Onkels in Ottensen kennen. Dieser sei eine „alte Spielratze", die beim Spiel betrügt, notiert er.

Heine tut es auf Norderney Blücher im Spiel nach und ist so schnell pleite, daß sein Freund Christian Sethe aus Düsseldorf helfen muß. Sethe ist am 20. August 1825, eine Woche nach Heines Ankunft auf Norderney, auf die Insel gekommen, wo er mit seiner frisch angetrauten Frau zwei Tage seiner Flitterwochen verbringt. Kaum hat Sethe mit seiner Frau die Insel verlassen, erreichen ihn die dringenden Bitten Heines, ihm Geld zu senden. Heine wendet seine ganze Argumentationskunst auf, um den Freund zu einer schnellen Hilfeleistung zu bewegen. Er schreibt Ende August 1825 aus „Nordeney", so Heines eigenwillige Schreibweise des Namens der Insel:

„Lieber Christian!

Wärst Du doch nur ein Paar Tage länger in Nordeney geblieben! Oder auch wäre ich doch weniger Esel gewesen! Ja, Christian, wenn ich auch der gelehrteste Mann Deutschlands bin, so kann ich doch nicht mit meinem Worte versichern daß ich auch der klügste sey. Du mußt mir sechs Louisd'or leihen. Ich bin in der größten Verlegenheit. Es wird Dich nicht wundern, daß ich just Dich anpumpe. Du bist mir noch zu frisch im Gedächtnisse, und wenn Du auch - was ich nicht hoffe - mein bester Freund nicht mehr bist, so bist Du doch unter meinen besten Freunden derjenige, den ich am leichtesten anpumpen kann, der auch als kompleter Philister am leichtesten ein paar Louis auf ein paar Monath entbehren kann und der von Haus aus die innere Garantie hat, daß er bey mir nichts riskirt. Ich denke, daß dieser Brief Dich sicher trifft, und daß Du mir 6 Louis bis zu meiner Reise nach Berlin, d. h. bis Januar leihst, indem ich sonst in die allergrößte Verlegenheit gerathe, und meiner Familie, die mir vor 4 Wochen 50 Louisd'or zum Herumreisen und Baden geschickt, gestehen muß daß ich das Geld fast ganz verträdelt und nicht auskomme, welches Bekenntniß mir unberechenbar

Christian Sethe (1798-1857)
Freund Heines

20

entsetzlich schaden würde, wie Du, der Du meine Familienverhältnisse kennst, leicht ermessen kannst.

Die Post ist im Begriff abzugehn, auch bin ich zu verdrießlich, um viel zu schreiben; wie sehr es mich auch drängt, die ganze volle Brust vor Dir auszuschütten, so könnte ich das doch heute schon deswegen nicht thun, weil Anpumpen der eigentliche Zweck dieses Briefes ist. Und wirklich Christian! haben sich Deine Gesinnungen gegen mich unverändert erhalten? Was mich betrifft so blieben die meinigen unverändert, d. h. ich ärgere mich über Dich nach wie vor. Du verstehst mich, ich meine die alte Falschheit. Ja, ich möchte heute recht ordentlich gegen Dich losplatzen und auf Dich einschelten und schimpfen, umsomehr da ich Dich anpumpen will. Von Giesen - welcher vorgestern 15 Louis im Pharo verloren - erfahre ich, daß Deine Schwester mit Unzer versprochen ist. Ich glaube gewiß, wenn Du könntest, würdest Du Deine Heirat vor mir geheim halten. Ich frage nie, aber ich ärgere mich immer. -

Das beste an Dir ist, daß ich Dich liebe und daß Du von jeher leicht anzupumpen warst. Schicke mir also die 6 Louisd'or in einem Brief mit der Addresse: an den Doct. Jur. H. Heine im Hause von Herold & Wahlstab in Lüneburg. [...]"

Die im Brief erwähnte Familie, die ihm das Geld für die Badereise geschenkt hat und entsetzt wäre zu erfahren, daß er einen beträchtlichen Teil davon verspielt hat, besteht in Wahrheit nur aus seinem Onkel Salomon Heine in Hamburg, der seinen Neffen bisher finanziell unterstützt hat. Vor ihm hat Heinrich Heine großen Respekt. Er möchte sich mit ihm nicht ernsthaft entzweien, so sehr er auch bestrebt ist, sich von dem die ganze Verwandtschaft dominierenden Onkel zu lösen. Bereits zwei Jahre vorher, als er die Badekur in Cuxhaven vorbereitet, deutet Heine das in einem Brief an seinen langjährigen Freund Moses Moser, einen Bankbeamten in

Moses Moser (1796-1838)
Mitbegründer des
jüdischen „Kulturvereins"

Berlin, an: „[...] Ich habe mich entschlossen, [...] tout prix es einzurichten, daß ich ihn nicht mehr nötig habe, da es so ganz und gar unter meiner Würde ist, und da - - aber meine Kopfschmerzen sind entsetzlich, und ich muß alles in der Welt tun, um sie loszuwerden." (An Moses Moser, 11. Juli 1823)

Auch jetzt auf Norderney ist Heines Situation nicht wesentlich anders. Er muß unbedingt seine Gesundheit festigen, erst dann kann er sich eine Berufsstellung suchen und die Abhängigkeit von seinem reichen Onkel lockern. Allerdings scheinen ihm dessen Zuwendungen, die ihm einen angenehmen Lebensstil ermöglichen, inzwischen so gut zu gefallen, daß sein Streben nach einem Beruf nicht besonders intensiv ist. Die gute Beziehung zu seiner Geldquelle will er daher auf keinen Fall gefährden. Immerhin hat die Zuwendung des Onkels von 50 Louisdor ihm die Badereise nach Norderney erst ermöglicht. Doch Heines Spielleidenschaft läßt das finanzielle Polster rasch schwinden. Und so schreibt er kurz darauf erneut an den Freund Christian Sethe in Münster:

„Nordeney d. 1. Sept. 1825. Donnerstag

Staatsrath!

Nur so viel kann ich mich erinnern, daß ich Dir vorige Woche in der verdrießlichsten Stimmung und in der allergrößten Eil geschrieben. Das Fährschiff war im Begriff abzusegeln, der Schiffer wartete bloß noch auf meinen Brief, ich wünschte mich selbst zum Henker, und krazte was Zeug hielt. Ich hoffe daß Du aus meinem Geschreibsel klug geworden bist und daraus ersehen, daß ich Dich um 6 Louisd'or anpumpen wollte und Dich bath, selbige unter Addresse des Herrn H. Heine, Dr. jur. abzugeben bey Herold & Wahlstab in Lüneburg, mir zu schicken und mir wissen zu lassen, ob Du das Geld noch vor Januar zurückhaben mußt und ob ich es etwa in Berlin jemanden für Dich zurückzahlen kann. Ich muß Dir aber nochmals schreiben weil ich nicht weiß ob ich Dir auch bedeutet habe daß Du in dem Briefe, worinn Du die sechs Louisd'or einpackst, nichts schreiben darfst, indem ich einem Bekannten Ordre gebe, einen solchen Geldbrief für mich aufzubrechen und mir den Inhalt nachzuschicken. Ich muß nemlich aus höchstwichtigen Ursachen noch einige Zeit im Hanövrischen herumreisen. Was Du mir also privatim zu sagen hast, mußt Du mir in einem besondern Brief unter derselben Addresse schreiben. -

Sey überzeugt daß ich Dir bei dieser Gelegenheit den größten Beweis meiner Freundschaft gebe, indem ich trotz mancher innern Regungen des Unmuths gegen Dich, mich dennoch in der Noth mit unbedingtem Vertrauen an Dich wende. Vergiß dieses nie, besonders wenn ich je in den Fall käme Dir einen Dienst leisten zu können, woran ich zweifle. Du verstehst mich. [...]"

Wieder ist der Brief eine Meisterleistung an Heinescher Spitzfindigkeit: der philiströse Freund, mit dem er ständig im Streit liegt, soll gerade wegen seiner Unbedarftheit und Gutmütigkeit helfen. Sethe tut das auch, wenn auch nicht mit großer Begeisterung, und schickt 5 Louisdor an Heine, wie aus einem Brief an Sethe hervorgeht:

„[...] Ich bin im Begriff, jetzt nach Hamburg zu reisen, wohin ich von Nordeney aus schon segeln wollte, aber wegen conträren Windes nicht gelangen konnte. Ich lag 6 Tage auf der See, muste doch endlich zu Land gehen, bekam unterwegens die Rose am Bein muste doch um Geld schreiben u. s. w. Deine 5 Ld´or sind mir, obschon sie spät anlangten, noch immer gut zu statten gekommen, und ich will sie Dir rechtzeitig zurückschicken und dich jetzt mit keiner Danksagung belästigen. Auch fehlt es mir dazu an Zeit, indem ich zu meiner Reise nach Hamburg noch allerley Geschäfte habe. Ich will Dir von dort aus ordentlich schreiben. Vielleicht kann ich Dir die Nachricht mittheilen, daß ich mich dort als Advokat niederlasse, heurathe, viel schreibe & c. [...]" (An Christian Sethe, Lüneburg 12. Nov. 1825)

Einem Brief an Moses Moser aus London vom 9. Juni 1827 ist zu entnehmen, daß Heine von dem eingelösten Kreditbrief seines Onkels 5 Louisdor, also vermutlich die zwei Jahre zuvor geliehene Summe, an Sethe überweisen läßt. Auch im Sommer 1826 berichtet Heine von Geldschwierigkeiten. Diesmal ist es Friedrich Merckel (1786-1846) in Hamburg, ein erfolgreicher Kaufmann, der von Heine um Hilfe gebeten wird. Aus einem Brief vom 16. August 1826 wird deutlich, daß Heine hauptsächlich durch Verluste am Norderneyer Spieltisch in Geldnot geraten ist:

„[...] Ich bleibe jetzt noch zehn bis vierzehn Tage hier und gehe dann nach Holland. Ich erwarte vorher noch einen Geldzuschuß von zwölf Louisdor, die mir Campe schickt; denn ich hab' ihn darum gebeten. Ich mußt' es durchaus thun, ich wollte, wegen der Geringheit der Summe, nicht an andere schreiben; ich weiß auch, Campe erzeigt mir gern solche Gefälligkeit - und ich bin in diesem Augenblick nicht gestimmt, kleinlichen Rücksichten Gehör zu geben. - Sag an Campe, ich ließe um Entschuldigung bitten, daß mein letzter Brief, der eben bloß jene Geldbitte enthielt, so kurz war; ich schreibe ihm noch, ehe ich abreise, oder wenn ich in Holland bin. [...] Seit vorgestern spiele ich nicht mehr. Nicht weil das Geld ganz all wäre - ich habe noch einiges - sondern weil mich das Spiel zu langweilen begann. Auch ärgerte mich das ewige Verlieren und ich gab jemandem mein Ehrenwort, nicht mehr zu spielen. [...]“

Conversationshaus mit Spielbank

Ob sich Heine wirklich an den guten Vorsatz, das Glücksspiel aufzugeben, gehalten hat, ist nicht verbürgt. Vorübergehend scheint er sich, möglicherweise durch den Einfluß einer adligen Dame, daran gehalten zu haben. Da Heine das Geld von Campe doch sehr nötig hat, angeblich eine Summe von „Geringheit“, in Wahrheit jedoch Geld, mit dem er bei den Norderneyer Preisverhältnissen volle vier Wochen leben könnte, ist anzunehmen, daß wieder das Pharaospiel Grund für die Geldverlegenheit geworden ist. Seine prekäre Lage schildert er in einem Brief:

„Nordeney d 21 Aug. 1826. Montag
Lieber Merkel! Den Brief, den ich Dir vorige Woche (über Bremen) schrieb, wirst Du wohl erhalten haben. Ich habe vor 3 Wochen, wie ich Dir darin erwähnte, an Campe geschrieben und ihn gebeten mir

12 Louisd'or hierherzuschicken. Nun denke Dir meine Verlegenheit, ich erhalte weder Geld noch Brief von Campe. Ist er verreist? hat er meinen Brief nicht erhalten? ist der seinige verloren gegangen? - ich weiß wahrlich nicht wie ich mir das Stillschweigen erklären soll. Daß er mir das Geld nicht schicken wollte, darf ich auch nicht glauben, da er mir bey keiner Gelegenheit jemals Mißtraun geschenkt - auf jeden Fall hätt ich ja Antwort haben müssen.

Lieber Merkel! hilf mich aus diesem Zweifel. Schreib mir umgehend ob ich von Campe das Geld erhalte oder nicht. In letzterem Fall gebe ich meine holländische Reise auf und kehre von hier gleich nach Hamburg zurück. Ich bin noch etwas mit Geld versehen daß ich noch 8 bis 12 Tage gemächlich hier leben kann. Dann ist aber auch dieses Geld verraucht, und Du mußt mir wahrhaftig 3 oder 4 Louisd'or (am liebsten 4 Ld'or) hierher als Reisegeld schicken - wenn Du mich wieder haben willst. Ich kann sonst wahrhaftig nicht von hier fort. Ich denke aber, wenn Du diesen Brief erhältst, hat Campe bereits Geld an mich abgeschickt und Du hast nicht nöthig mir nochmals zu borgen. - Ich bitte Dich aber, bey allen Göttern! mach mir keine Vorwürfe in Betreff des Spielens. Nicht dieses hat mich hauptsächlich in Geld-verlegenheit versetzt sondern meine Gutmütigkeit einem Landsmanne Geld zu borgen, in der Voraussetzung mit der nächsten Post 12 Ldor von Hamburg zu erhalten.

Ich hab mich 5 Tage lang sehr unpäßlich befunden. Heute geht es schon besser; aber immer noch nicht gut. Drum schließ ich meinen Brief, den ich gar nicht schriebe, wenn nicht die große Sterblichkeit, die unter meinen Louisd'oren eingerissen, mich zum Schreiben drängte. Leb wohl und behalte mich lieb und laß mich wieder zurückkommen."

(An Friedrich Merckel in Hamburg, 21. Aug. 1826)

Daß Heine aus lauter Gutmütigkeit „hauptsächlich" in Geld-verlegenheit geraten ist und nicht durch das Spielkasino, klingt wenig überzeugend, obwohl Heine hin und wieder Beispiele von selbstloser Hilfsbereitschaft gegeben hat. Eine Woche später kann Heine Entwarnung geben, sein Verleger Campe hat das erwartete Geld geschickt:

„Norderney d 28. Aug.1826. Montag
Lieber Merkel! Deinen Brief vom 22. August hab ich richtig erhalten. Auch erhielt ich unterdessen das Geld von Campe; entschuldige, daß

ich Dich dieser Geldgeschichte wegen mit Besorgnissen inkomodirte. Drgl. aber mußt Du gewohnt werden.

- - Hier ist alles fast weggereist, auch die schöne Frau von Celle, mit welcher ich zuletzt wieder versöhnt worden. O wie ist sie liebenswürdig gewesen!

Ich befinde mich schlecht und werde wohl noch 8 bis 12 Tage hier bleiben müssen. Was soll ich thun; ich kann nicht gegen die Natur. Willst Du mir nochmahl schreiben, so wird mich Dein Brief noch hier finden. - [...] Ein russischer Fürst, Namens Kossolowski, hilft mir hier sehr treulich die Zeit zu ertragen. Nous sommes inséparables, und er, der meistens als Gesandter überall gewesen, erzählt mit viel Interessantes. Er weckt in mir die Lust nach high life. - Ich lerne schwimmen. - -

Leb wohl, sey so gut, die Einlage auf die Post zu schicken, und behalte lieb

Deinen Freund

H. Heine."

„High life" als Lebenszuschnitt empfindet der Dichter als angemessen. Der Umgang mit Fürstinnen und Prinzessinnen und einem russischen Fürsten wie Koslowski erscheint ihm standesgemäß. Leider fehlt ihm dafür aber die finanzielle Grundlage, will er nicht immer wieder bei Onkel Salomon in Hamburg vorstellig werden. Die eigentlich nicht unerheblichen Einnahmen aus seiner schriftstellerischen Tätigkeit (vgl. Hauschild/Werner, Heine, S. 605 ff.) reichen bei seinem großzügigen Umgang mit Geld nicht aus.

Heine und die Frauen

„...Die Damen in Norderney haben mich sehr ausgezeichnet"

Heine hat guten Kontakt zur adligen Gesellschaft auf Norderney. Der Dichter wird vor allem von den Damen beachtet. Sie lassen sich von ihm den Hof machen und gewähren ihm huldvolle Aufmerksamkeit. Der Name Heine ist durch den wohlhabenden Onkel in Hamburg bekannt und stellt eine nicht zu unterschätzende Empfehlung für den jungen Autor dar, der sich bemüht, den kostspieligen Lebensstil des Adels samt dessen Unterhaltungen im Kurbad, besonders beim Glücksspiel, zu teilen. Heine fühlt sich als Teilnehmer dieser Gesellschaft, zugleich ist er ihr aufmerksamer Beobachter. Interessant ist seine Einschätzung der „hanövrischen Offiziere", die er auf der Insel kennenlernt, junge Leute, die in englischen Diensten weit in der Welt herumgekommen sind, als Großbritannien seine Kriege gegen Napoleon führte. Heine bewundert ihre Weltläufigkeit. Im Vergleich dazu kommen ihm die Siege Preußens provinziell vor. Ein engerer Kontakt zu den Offizieren entwickelt sich nicht. Die Bekanntschaft mit dem russischen Diplomaten Fürst Peter Koslowski (1793-1848), ein Bekannter Varnhagens, der am 7. August 1826 auf Norderney ankommt und den Heine später im Lindenhof zu Bremen wiedersieht, ist die große Ausnahme.

Heines Beziehung zur Fürstin Henriette zu Solms-Hohensolms-Lich (1777 - 1851), geb. Gräfin zu Bentheim und Steinfurt, ebenfalls eine Bekannte von Varnhagen, die seit dem 5. Juli 1825 auf Norderney ist, gestaltet sich für Heine zunächst wunschgemäß. Die damals 48jährige Frau hat großen Einfluß, und Heine hofft auf ihre Protektion. Sie findet den jungen Dichter sympathisch und sieht ihm sogar seine „Unarten" nach. Zwanzig Jahre später berichtet sie bei einer Begegnung mit Varnhagen über ihr Zusammentreffen mit Heine auf Norderney. Varnhagen notiert sich in sein Tagebuch: „Sie erzählte mir, sie habe vor Jahren in Norderney Heinen kennengelernt und ihn sehr gern gehabt; bei einem Ausdruck, den er gebrauchte, habe sie unwillkürlich ausgerufen: „Das ist ja ganz wie Varnhagen!" - „Varnhagen?" habe Heine verwundert gefragt, „den kennen Sie? Das ist mein bester

Freund!" Und nun sei der Umgang nur besser geworden. Sie hielt Heinen für innerlich edel und aufrichtig, ein solcher Geist könne nur das Beste wollen; seine Unarten, meinte sie, wolle sie nicht verteidigen, aber andere hätten deren auch." (Houben, S. 109 f.)

Einige Zeilen in einem Brief an seinen Freund Sethe belegen das vertraute Verhältnis zwischen Heine und der Fürstin Solms im Sommer 1825: „Auch der Abschied von der Fürstinn Solms ist mir sauer geworden, wir waren so viel zusammen und wußten uns so hübsch zu necken. Sie lobte mich viel, und Du weißt, Christian, das verfehlt nie seinen Eindruck." (An Christian Sethe, 1. Sept. 1825) Auch bei Heines zweitem Badeaufenthalt auf Norderney im Sommer 1826 ist wieder von der Fürstin Solms die Rede: „Hier sieht es sehr lebhaft aus. Die schöne Frau ist schon hier, sowie auch die Fürstin Solms, mit der ich vorig Jahr sehr angenehme Tage hier verlebte." (An Friedrich Merckel 28. Juli 1826) Aus unbekannten Gründen kühlt sich die Freundschaft zwischen dem Dichter und der Fürstin ab. Heine gibt lakonisch nur diese Auskunft: „Die Fürstinn Solms und eine ganze Portion des Gothaer Kalenders - den wir armen Deutschen füttern müssen - war ebenfalls dort; doch ich hatte diesmahl nicht viel mit ihr zu schaffen." (An Varnhagen, 24. Okt. 1826)

Unüberhörbar ist der kritische Ton dem im Gothaer Adelskalender verzeichneten Adel gegenüber, „den wir armen Deutschen füttern müssen". Es werden Unstimmigkeiten im persönlichen Umgang Heines mit der Fürstin aufgetreten sein, worauf diese Briefzeilen an Merckel hindeuten: „Die Fürstin Solms ist ebenfalls wieder hergekommen; wir verkehren nicht mehr so viel wie vorig Jahr, sie scheint mir nicht mehr so innig gewogen zu seyn, und wenn wir uns begegnen, droht oder warnt sie immer mit dem aufgehobenen Zeigefinger und will nicht sagen, was das eigentlich bedeuten soll." (An Friedrich Merckel, 4. August 1826)

Heines Nichte, die Fürstin Maria della Rocca (1824-1908), überliefert später einen von ihrer Mutter, Heines Schwester Charlotte, stammenden Bericht über den Aufenthalt des Erholung suchenden Dichters auf der Insel Norderney. Sie bezieht sich dabei auf Erinnerungen von Badegästen an den jungen Dichter, dessen Kopfschmerzen allgemein bekannt sind und das mitfühlende Interesse der empfindsamen Damen finden:

„Nichts konnte diese Leiden lindern als Seebäder, die seine Nerven stärkten und ihm etwas Erleichterung verschafften. Norderney, das Rendez-vous der hannöverischen Aristokratie, war der Ort seiner Wahl, und bald wurde er der Liebling der Damen, die er durch seine Liebenswürdigkeit und seine Witze erheiterte. Die junge Fürstin Hohenlohe und die Fürstin Solms beschäftigten sich ausschließlich mit ihm, und zum Danke dichtete er kleine Lieder und machte beißende Epigramme. Doch die Freundschaft mit der Fürstin Solms war von kurzer Dauer; aus welchem Grunde sie ihm entzogen wurde, blieb ihm unerklärlich, und er beklagte sich darüber in einem Briefe an meine Mutter. In Norderney saß er stundenlang am Meeresstrande und verfolgte mit träumerischen Blicken die Wogen, die am Ufer zerschellten und brausend aufspritzten. Er schrieb damals seiner Schwester [...] „Wenn der Wind heult und pfeift, wird mir wohl, und mir ist, als ob liebliche Stimmen mir Reime ins Ohr flüsterten [...] ich bewundere den Aufruhr der Natur; denn das bewegte Meer gleicht dem Leben, und nur dann schlägt mein Herz gesund, wenn die Wellen des Lebens recht hoch gehn!" In der Abenddämmerung sah man ihn wieder dem Meere zuwandeln, er setzte sich in den Sand und spielend und neckend benetzten ihn die Fluthen. Ein Augenzeuge erzählte mir, daß er oft zusah, wie Heine mit einem Stöckchen aufs Wasser schlug und kleine Kieselsteine weit ins Meer hinaus warf. Doch wer weiß, welch´ ernste Gedanken bei diesem harmlosen, kindischen Spiele in ihm aufdämmerten! Niemand wagte ihn zu stören, man ließ ihn gewähren, denn er war so sehr in sich selbst versunken, daß sogar die schönsten Frauen unbemerkt an ihm vorübergingen." (Skizzen über Heinrich Heine. Von seiner Nichte Fürstin della Rocca. Wien. Pest. Leipzig. 1882. S. 8 f.)

Diese Überlieferung ist sicherlich von den Erzählungen der Schwester Heines beeinflußt. Das Bild des genialen romantischen Dichters, der in Gedanken ganz seiner Kunst hingegeben lebt und für sein Umfeld, sogar für die „schönsten Frauen", kaum einen Blick hat, entspricht nicht dem wirklichen Heine. Es ist andererseits aber nicht unwahrscheinlich, daß die literarisch gebildeten Damen der vornehmen Gesellschaft in Heine bereits damals das dichterische Genie erkannt haben und wie die Fürstin Solms in mütterlicher Strenge den unsteten Poeten zu lenken versuchten, wenn auch mit geringem Erfolg. Heines Verhältnis zu ihr ist ähnlich problematisch wie das zu Rahel von

Varnhagen, die mehr als ihr Mann Kritik an Heines Werk und Lebensstil übt.

Ein engeres Verhältnis entwickelt sich zu „der schönen Frau von Celle", Caroline Auguste von Anderten, geb. du Plat (1800-1830), die im „Amtsblatt für die Provinz Ostfriesland" mit Mann und Sohn am 31. Juli 1825 als Kurgast Norderneys aufgeführt wird. Als Heine sie kennenlernt, ist sie 25 Jahre alt. Sie hat als dritte Frau des Majors Heinrich Friedrich von Anderten (1775 - 1861) vier Kinder. Im folgenden Jahr ist sie wieder auf der Insel („Die schöne Frau ist schon hier[...]"), doch aus unbekannten Gründen kommt es zu Spannungen zwischen Heine und der von ihm bewunderten und verehrten Frau. Heine wird von der „schönen Frau aus Celle" gemieden: „An der schönen Cellenserin bewundere ich jetzt nur noch die Stimme. Ich sauge ein ihre Worte. Ich glaub gewiß nicht, daß sie mir gewogen ist, obschon sie letzthin zu mir sagte: »Sie kenne ich in und aus dem Sack.«" (An Merckel, 4. Aug. 1826)

Vielleicht hat Heine ihr zu offenkundig den Hof gemacht, so daß es der Frau von Anderten geraten erscheint, sich von ihm zu distanzieren. In einem Brief an Merckel deutet Heine persönliche Verwicklungen an, bei denen üble Gerüchtemacher eine unselige Rolle gespielt hätten:

„ Mit der schönen Frau aus Celle bin ich broullirt. Sie sucht mich absichtlich bey jeder Gelegenheit zu kränken. Das verdanke ich heimtückischen Zwischenschwatzereyen. Ich bin doch noch von ihr bezaubert. Unmuth und Entzücken ergreift mich wenn ich ihre Stimme höre. Ein verteufeltes Gefühl. [...] (An Merckel, 21. Aug. 1826)

Erst am Ende von Heines Kuraufenthalt bessert sich Heines Verhältnis zu Frau von Anderten wieder, und Heine berichtet dem Hamburger Freund Merckel: „- - Hier ist alles fast weggereist, auch die schöne Frau von Celle, mit welcher ich zuletzt wieder versöhnt worden. O wie ist sie liebenswürdig gewesen!" (An Merckel, 21. Aug. 1826)

Bei seinem dritten und letzten Aufenthalt auf Norderney hält Heine vergebens nach der „schönen Frau aus Celle" Ausschau. Herr von Anderten ist nur mit seinem Sohn auf die Insel gekommen. Heine hat Frau von Anderten nie wieder gesehen. Daß ihr 25 Jahre älterer Gatte derbe Scherze mit ihr anzustellen pflegt, offenbart eine Tratschgeschichte, die Ludwig von Diepenbrock-Grüter, ein Bekannter Heines aus Göttinger Studientagen, seinem Tagebuch am 19. November 1826

Caroline Auguste von Anderten, geb. du Plat (1800-1830),
die von Heine verehrte „schöne Frau aus Celle"

anvertraut: „Die Mehlis erzählte, wie sie (Frau von Anderten) ihr Mann, den Heine mit einem einplumdenden Elephanten verglich, einst durch eine Puppe fast zu Tode erschreckt habe, die er zu ihrem Doppelgänger ausgeschmückt, und meinte, nachher würde sie sicher in den Himmel kommen." Der unsensible Gatte überlebt seine Frau, die bereits 1830 stirbt, auch wirklich um 31 Jahre. Heine setzt Frau von Anderten in den Reisebildern ein Denkmal, indem er als einziges Verdienst des Norderneyer Inselgeistlichen rühmt, „daß bey ihm eine der schönsten Frauen dieser Welt logirt hat." Nach Joseph A. Kruse, dem Direktor des Heinrich-Heine-Instituts in Düsseldorf, bringt die Familien-überlieferung der von Anderten einige Gedichte Heines mit ihr in Verbindung.

„Agnes, ich liebe dich!" lautet die refrainartige Zeile in dem Gedicht „Erklärung", das durch Heines Norderney-Aufenthalt inspiriert ist. Man ist versucht, den Namen auf eine Bekanntschaft Heines auf Norderney zu beziehen. Doch kann sich das Gedicht kaum auf die Prinzessin Agnes von Hohenlohe-Langenburg (1804 - 1875) beziehen, da es bereits im Frühjahr 1826 veröffentlicht worden ist, also bevor Heine die Prinzessin Agnes kennenlernt. Sie trifft am 11. Juli 1826 mit ihrer fürstlichen Verwandtschaft auf der Insel ein. Heine berichtet in einem Brief: „Das Leben hier ist ziemlich lebhaft. Der hannövrische Adel spielt die Hauptrolle. Eine Menge fürstlicher Personen. Die Prinzessin Hohenloh´, siebzehn Jahre alt." (An Friedrich Merckel, 4. Aug. 1826) Die reizende junge Dame ist in Wahrheit 21 Jahre alt und wirkt auf den Dichter wie die Verkörperung seiner ersten großen Liebe Amalie Heine. Mehr als eine Verehrung aus der Distanz ist Heine bei dem großen gesellschaftlichen Abstand zu ihr nicht möglich.

Anders ist es bei einer Dame, die im gleichen Brief an Merckel erwähnt wird. Heine notiert, daß sein Seelenzustand nicht mehr so euphorisch ist wie im vergangenen Jahr und schreibt einen Brief, den Goethes Werther an seinen Freund Wilhelm geschrieben haben könnte:

„Norderney, d. 4. August 1826. - Freitag

Lieber Merckel! Ich kann die Post nicht von hier abgehen lassen, ohne einige liebe Grüße an Dich mitzuschicken. Das Bad bekömmt mir sehr gut, und das ist die Hauptsache, die ich Dir mitzutheilen habe. Ich lebe hier nicht so vergnügt wie vorig Jahr, und daran hat gewiß meine

Stimmung mehr Schuld als die Menschen hier. Ich bin gegen diese oft ungerecht. So will es mich bisweilen bedünken, als sey die schöne Frau aus Celle nicht mehr so schön wie 1825. Auch das Meer erscheint nicht mehr so romantisch wie sonst. - Und dennoch hab' ich an seinem Strande das süßeste, mystisch lieblichste Ereigniß erlebt, das jemals einen Poeten begeistern konnte. Der Mond schien mir zeigen zu wollen, daß in dieser Welt noch Herrlichkeiten für mich vorhanden. - Wir sprachen kein Wort - es war nur ein langer, tiefer Blick, der Mond machte die Musik dazu - im Vorbeygehen faßte ich ihre Hand, und ich fühlte den geheimen Druck derselben - meine Seele zitterte und glühte - Ich hab' nachher geweint. Was hilft's! Wenn ich auch kühn genug bin, das Glück rasch zu erfassen, so kann ich es doch nicht lange festhalten. Ich fürchte, es könnte plötzlich Tag werden - nur das Dunkel giebt mir Muth. - Ein schönes Auge, es wird noch lang in meiner Brust leben und dann verbleichen und in nichts zerrinnen - wie ich selbst. Der Mond ist an Schweigen gewöhnt, das Meer plappert zwar beständig, aber man kann seine Worte selten verstehen, und Du, der Dritte, der jetzt das Geheimniß weiß, wirst reinen Mund halten, und so bleibt es verborgen in der eignen Nacht. [...]" (An Friedrich Merckel, 4. Aug. 1826)

Friedrich Merckel, der Freund in Hamburg, interessiert sich verständlicherweise sehr für Heines Liebesgeschichte und will näheres wissen, glaubt wohl auch, daß Heine endlich die ersehnte große Liebe gefunden hat. Doch eine Woche später dämpft Heine die Erwartungen des Freundes:

„Norderney, vielleicht den 16. August 1826. Mittwoch
Lieber Merckel! Eben bringt mir die Post Deinen Brief vom 11. August, und da ein junger Freund im Begriff ist, mit günstigem Wind nach Bremen zu schiffen, so kann ich Deine lieben Zeilen auf der Stelle mit einigen Grüßen erwidern. Das lichte Ereigniß am Strande ist nicht so bedeutend, wie Du glaubst, und wie meine leicht erregbare Sentimentalität es anschlug; es war ein Stern, der durch die Nacht herabschoß in grausamer Schnelligkeit und keine Spur zurückläßt - denn ich bin trist und niedergedrückt wie zuvor. Aber es war doch ein Stern! Für den überschickten Homer danke ich Dir. Ich lese ihn, einsam am Strande wandelnd; und da kommen mir allerley Gedanken. Ueberhaupt gehe ich viel am Strand spazieren, besonders nachts bey

Mondschein. Ich lebe ganz isolirt, und nicht mahl, wie vorig Jahr, mache ich den schönen Weibern die Cour. Ich glaube, meine Betrübniß ist eine unselige Nachwirkung - sie wird vorübergehen. [...]

Auch für Deinen Brief vom 4. August dank' ich Dir. Ob ich den Antheil, den Du an meinen Bagatellen nimmst, auch verdiene, bezweifle ich. Deine Nachricht wegen Mlle. Meyer hat mich überrascht, obzwar ich dergleichen Extravaganzen von dieser kleinen Centaurin erwartete; ich sprach sie oft in Cuxhaven. [...]"

Die Andeutung über Mademoiselle Meyer läßt den Schluß zu, daß Heine auch in diesem Sommer auf seiner Herreise ins Nordseebad von Hamburg über Cuxhaven seine Augen für weibliche Schönheit offen gehalten hat. Welcher Art der Kontakt zu der erwähnten Dame ist, welche „Extravaganzen" den mit weiblichen Unberechenbarkeiten nicht unerfahrenen Autor immerhin „überrascht" haben, bleibt im Dunkeln der Lebensgeschichte Heines. Es wird sich nicht um einen „Roman" gehandelt haben, und es wäre müßig, in Heines Gedichten nach Spuren dieser Begegnung zu suchen. Wichtiger für Heine ist in Cuxhaven eine andere Frau. In einem Brief von Norderney klagt er seinem Freund Friedrich Merckel: „[...] übrigens aber war es sehr langweilig in Cuxhaven. Aber die Goldschmidt ist sehr schön." (An Friedrich Merckel, 28. Juli 1826) Dem Berliner Freund Moser berichtet er: „In Kuxhaven, wo ich auf der Herreise neun Tage verbrachte, wegen konträren Windes, habe ich viele schöne Stunden in der Gesellschaft von Jeanette Jacobson, verehlichter Goldschmidt, verbracht. Nein, ich will Dich nicht belügen, nicht der Westostwind, sondern die westöstliche Dame selbst hat mich neun Tage in Kuxhaven festgehalten. Oh, sie ist schön und liebenswürdig! Wenn der Mann neben ihr steht, sieht es aus, als wäre sie unverheurathet; denn der Mann bedeutet nichts, so unbedeutend ist er. Aber herzensgut." (An Moses Moser, 28. Juli 1826) Die Anspielung auf Goethes „West-östlichen Divan" und die darin dargestellte Liebesbeziehung zu „Suleika" (Marianne Willemer) ist unübersehbar. Jedoch auch hier gilt, daß der Briefschreiber seinen Freund mit den Briefzeilen vielleicht nur „mystifizieren" will, ihm in halbdeutlichen Worten etwas vorspielt, was in Wirklichkeit ein reines Phantasiegebilde ist. Nach eigener Auskunft in späteren Jahren hat Heine nie einer verheirateten Frau nachgestellt. Die Literaturgeschichtsschreibung des 19. Jahrhunderts, die gern Dichtung für

Wahrheit nahm, hat aus Heines Gedichten oft falsche Rückschlüsse auf seinen Lebenswandel gezogen. Charakteristisch ist deshalb wohl eher die Einschätzung eines Zeitzeugen: „Selten war er lebhaft. In Damengesellschaften habe ich ihn nie einer Frau oder einem jungen Mädchen Artigkeiten sagen hören." (Hermann Schiff, 1822; Houben, S. 45) Mit dem Leben haben Heines Gedichte nur indirekt etwas zu tun, gerade wenn es um sein Verhältnis zu Frauen geht. Das gilt sogar für die in Heines Biographie so wichtige Amalie Heine.

In Heines Briefen wird deutlich, daß er sich 1816 bei seinem ersten Hamburger Aufenthalt unglücklich in sie verliebt hat, und viele Gedichte sind von der Erfahrung enttäuschter Liebe geprägt. Zugleich sind diese Gedichte Ausdruck einer Zeitstimmung, der Heine entspricht. Der ungeheure Erfolg seiner Lyrik durch die Vertonungen von Schubert, Mendelssohn und Schumann erklärt sich zum Teil hierdurch. Heine als der ewig unglücklich Liebende, der sein Leben in schmerzlicher Erinnerung an das unwiederbringliche Glück verbringt, ist eine Phantasievorstellung der älteren Heine-Biographen. Heine scheint mit seiner Enttäuschung fertig geworden zu sein, was sich in einer Briefstelle drastisch zeigt, als er nach vielen Jahren die inzwischen verheiratete Amalie Friedlaender in Hamburg trifft: „[...] Aber - ich bin im Begriff, diesen Morgen eine dicke Frau zu besuchen, die ich in elf Jahren nicht gesehen habe und der man nachsagt, ich sei einst verliebt in sie gewesen. Sie heißt Mme. Friedländer aus Königsberg, sozusagen eine Cousine von mir. Den Gatten ihrer Wahl hab ich schon gestern gesehen, zum Vorgeschmack. Die gute Frau hat sich sehr geeilt und ist gestern just an dem Tage angelangt, wo auch die neue Ausgabe meiner „Jungen Leiden" von Hoffmann & Campe ausgegeben worden ist - Die Welt ist dumm

Amalie Heine (1799-1838)
Heines große Liebe

und fade und unerquicklich und riecht nach vertrockneten Veilchen. [...]" (An Varnhagen, Hamburg, 19. Okt. 1827)

Zu beachten ist hierbei allerdings, daß in dem an Karl August von Varnhagen gerichteten Brief Heine seine Verehrung für Rahel von Varnhagen unterstreicht und deshalb nicht allzu respektvoll von seiner verflossenen Liebe spricht. („[...] Frau von Varnhagen soll zufrieden sein. Ich möchte der lieben Freundin einen langen Brief schreiben, lang wie die Welt, weitschweifig und unerträglich wie mein eigenes Leben. Aber - ich bin im Begriff, diesen Morgen eine dicke Frau zu besuchen [...]")

Amalie Friedländer, geb. Heine

Zu Rahel hat Heine seit seiner Berliner Zeit ein besonderes Verhältnis entwickelt. Er ist der „geistreichsten Frau des Jahrhunderts", die nach vielen Enttäuschungen den vierzehn Jahre jüngeren August von Varnhagen geheiratet hat, in schwärmerischer Zuneigung zugetan. Von ihr läßt er sich kritisieren, ohne es übelzunehmen. Ihrem Einfluß ist es zuzuschreiben, daß Heine ein Anhänger der Goethe-Gemeinde wird und Goethe trotz kritischer Einwände nicht vom Thron zu stürzen versucht, wie das bei vielen jungdeutschen Schriftstellern zur Mode wird. Heine akzeptiert Rahel als Mentorin, seine Briefe lassen erkennen, wie groß ihr Einfluß auf ihn ist und wie tief seine Verehrung begründet ist. Er scheut sich allerdings, mit ihr in einen komplizierten Briefwechsel zu treten. Er fühlt sich von Rahel verstanden, auch wenn er in ihrem Salon wenig sagt und in ihrer Gegenwart nur durch Gesten und bruchstückhafte Redewendungen zu erkennen gibt, woran er denkt. Heine nimmt ihr gegenüber eine Haltung ein, die an einen Minnesänger im Mittelalter erinnert, der sich der hohen Herrin bedingungslos unterworfen hat und sie nicht genug preisen kann. Charakteristisch für Heines Verhältnis zu Rahel von Varnhagen ist der folgende Brief aus Norderney an Karl August Varnhagen v. Ense in Berlin:

„Nordeney d 29 July 1826. Sonnabend

Lieber Varnhagen! Mögen diese Zeilen Sie endlich völlig hergestellt antreffen! Eine Justizräthin Empich, die mit ihren Töchtern hier ist, hat mir gesagt daß Sie noch immer leiden. Hat mir auch erzählt wie unsre göttliche Friedrike für Sie besorgt gewesen in Ihrer harten Krankheit. Wir dummen Poeten, wir vergleichen die Frauen immer, wenn es hoch kommt, mit Engel; wir sollten wahrlich letztere mit ersteren vergleichen.

Mit meiner Gesundheit geht es immer besser. Zu ihrer völligen Herstellung brauch ich das hiesige Seebad, und schwimme wieder auf den Wellen der Nordsee, die mir jetzt sehr gewogen ist, weil sie weiß daß ich sie besinge. Das Meer ist ein braves Ellement. Wenn ich lange Zeit davon entfernt bin empfinde ich ein ordentliches Heimweh. Meine Nordseebilder sind con amore geschrieben, und ich freu mich daß sie Ihnen gefallen. Ueberhaupt, wie freu ich mich daß meine Reisebilder eine gute Aufnahme bey Ihnen gefunden! Entzückt, wahrhaft entzückt, fast berauscht hat mich Frau v. Varnhagens Brief. In der That, ich hab sie nie verkannt. Ich kenne sie ein bischen. Dabey gestehe ich daß mich niemand so tief versteht und kennt wie Frau v. Varnhagen. Als ich ihren Brief las wars nur als wär ich traumhaft im Schlafe aufgestanden und hätte mich vor den Spiegel gestellt und mit mir selbst gesprochen, und mit unter etwas gepralt. Das Beste ist, ich brauch Frau v. Varnhagen keine lange Briefe zu schreiben. Wenn sie nur weiß daß ich lebe, so weiß sie auch was ich fühle und denke. Die Gründe meiner Dedikazion hat sie, glaub ich, besser errathen als ich selbst. Mir schien es als wollte ich dadurch aussprechen daß ich jemanden zugehöre. Ich lauf so wild in der Welt herum, manchmal kommen Leute die mich wohl gern zu ihrem Eigenthum machen möchten, aber das sind immer solche gewesen die mir nicht sonderlich gefielen, und solange dergl der Fall ist, soll immer auf meinem Halsbande stehen: j'appartiens à Madame Varnhagen. - Ich muß um Entschuldigung bitten."

An Varnhagen schreibt er einige Monate später, scherzhaft auf den Philosophen Descartes anspielend, die gleichwohl ernst gemeinte Huldigung an Rahel: „Was soll ich der herrlichen Friedrike sagen? Wo ich bin denke ich an sie. Ich denke an Frau v. Varnhagen - Ergo sum." (An Varnhagen, 24. Okt. 1826)

Rahel Antonie Friederike Varnhagen von Ense (1771-1833)
„...die geistreichste Frau des Jahrhunderts"
(Heine)

Auch zu Rahels Schwägerin Friederike Robert (1795-1832) hat Heine ein ähnliches Verhältnis verehrender Zuneigung entwickelt. Wie Rahel hält er sie über sein Geschick auf dem laufenden:

„Mit Vergnügen habe ich vernommen, schöne Frau, daß Sie meinen Oheim Salomon Heine kennengelernt. Wie hat er Ihnen gefallen? [...] Ich werde diesen Onkel nächste Woche wiedersehen, indem ich nach Hamburg gehe, um mich dort als Advokat zu etablieren. Mit meiner Gesundheit geht´s immer besser. Hab diesen Sommer zu Norderney das Seebad gebraucht. Die Beschreibung einiger Seefahrten, die ich nebenbei gemacht, will ich Ihnen zuschicken. [...]" (An Friederike Robert, 12. Okt. 1825)

Heine braucht die Zuwendung von Frauen, denen er sich mitteilen kann. Er ist auf Norderney oft in einer Stimmung, die derjenigen Werthers in Goethes Roman gleicht. Eduard Wedekind, der Göttinger Studienfreund Heines, notiert am 25. Juli 1824 in seinem Tagebuch, daß er vor einigen Tagen Heine Goethes „Werther" geliehen habe. Auf Norderney hat sich Heine das Werk 1825 erneut ausgeliehen, diesmal von Rudolf Christiani (1797-1858), einem Anwalt und Kommunalpolitiker in Lüneburg. (Vgl. Brief an Christiani, 10. Oktober 1825) Es wirkt tief auf ihn ein und läßt den Gedanken

Friederike Robert (1795-1832)
Schwägerin Rahel Varnhagens

an den Tod immer wieder aufkommen. Mitten in den nüchternsten Geldüberlegungen hat Heine beim Schreiben an seinen Freund Christian Sethe am 1. September 1825 unvermittelt eine sentimentale Anwandlung und klagt:

„O Christian, ich bin heute in einer sehr weichen Stimmung und möchte von alten Dingen sprechen, von alter Wehmuth und neuer Thorheit, von bitterer Eseley und Süßigkeit des Schmerzes. Ich bin noch immer der alte Narr, der, wenn er kaum mit der Außenwelt Friede gemacht, gleich wieder von innern Kriegen geplagt wird. - Es ist ein mißmüthiges Wetter, ich höre nichts als das Brausen der See - O läg ich doch begraben unter den weißen Dünen. - Ich bin in meinen Wünschen sehr mäßig geworden. Einst wünschte ich begraben zu seyn unter einer Palme des Jordans, - - - Das vermaladeit viele Abschiednehmen stimmt mich so weich, ganz in Moll - Ich habe hier wunderschöne Tage gelebt, meine Privateitelkeit wurde von holden Pfötchen allerliebst gestreichelt, ich kam fast auf den Gedanken, der Dr. Heine sey wirklich höchst liebenswürdig, und ich schwelgte im Anschaun der schönen Dame in deren Nähe Du mich wiedersahest. Sie protegirte mich zuletzt gar sehr - und jetzt ist sie abgereist. Auch der Abschied von der Fürstinn Solms ist mir sauer geworden, wir waren so viel zusammen und wußten uns so hübsch zu necken. Sie lobte mich viel, und Du weißt, Christian, das verfehlt nie seinen Eindruck. [...] - Leb wohl, werde kein Philister, behalte mich lieb, - Hol mich der Teufel ich werde sentimental.

Dein Freund

H. Heine."

In Heines Briefen finden sich immer wieder Anspielungen auf den berühmten Selbstmörder, der die nächsten Generationen von Goethe-Lesern in ihrem Weltschmerzgefühl prägte. Ob Heine wie Werther an Selbstmord gedacht hat, ist im nachhinein schwer festzustellen und es bleibt offen, wie ernst man eine entsprechende Äußerung in einem Brief an Moses Moser vom 14. Dezember 1825 nehmen kann:

„[...] da ich just nicht bei Kasse bin und Dir auch kein ganz ordinäres Spielzeug kaufen will, so will ich Dir etwas ganz Apartes zum Weihnacht schenken, nämlich das Versprechen, daß ich mich vorderhand noch nicht totschießen will.

Wenn Du wüßtest, was jetzt in mir vorgeht, so würdest Du einsehen, daß dieses Versprechen wirklich ein großes Geschenk ist, und du würdest nicht lachen, wie Du es jetzt tust, sondern Du würdest so ernsthaft aussehen, wie ich in diesem Augenblick aussehe."

In welchem Maße literarische Bezüge Heines Melancholie mitbestimmen, sieht man aus den folgenden Zeilen, die er in Norderney schreibt: „Vor kurzem hab ich den „Werther" gelesen. Das ist ein wahres Glück für mich. Vor kurzem hab ich auch den „Kohlhaas" von Heinrich von Kleist gelesen, bin voller Bewundrung für den Verfasser, kann nicht genug bedauern, daß er sich totgeschossen, kann aber sehr gut begreifen, warum er es getan."

In einem Kommentar von Friedrich Hirth zu den Briefen Heines heißt es hierzu: „Mit dem Gedanken an Selbstmord war es Heine zeitweilig zweifellos Ernst. Sein Leben mußte er damals als verfehlt betrachten. Viele seiner Hoffnungen waren gescheitert.- die Laufbahn als Universitätsdozent oder Professor war verschlossen; Advokat wollte er nicht werden. Dazu erfüllte sich seine Hoffnung nicht, die Hand Thereses zu erhalten. Die abermalige Lektüre von Goethes ›Werther‹ nennt Heine ein wahres Glück für sich, wohl im Hinblick auf die Worte, die Goethe seinem Werke vorangestellt hatte: ›Und du, gute Seele, die du den Drang fühlst wie er, schöpfe Trost aus seinem Leiden und laß das Büchlein deinen Freund sein, wenn du aus Geschick oder eigener Schuld keinen nähern finden kannst!‹"

Diese Erklärung Friedrich Hirths nimmt Heines Worte vielleicht etwas zu wörtlich und übersieht die ironische Distanzierung, die in den Formulierungen anklingt. Andererseits entspricht die Parallele zum „Werther" in vielem dem Leben Heines. Wie das literarische Vorbild im Roman Goethes fühlt sich Heine in der Adelsgesellschaft nicht dazugehörig, weil ihn die vornehmen Herrschaften den Standes-unterschied deutlich spüren lassen. Im Unterschied zu Werther erfaßt ihn allerdings keine so starke Liebesleidenschaft, die für andere Empfindungen keinen Raum mehr ließe. Aber eine verwandte Stimmung angesichts unerreichbarer Frauen stellt sich auch bei Heine ein. Seine letzte große „Eselei", die vergebliche Hoffnung auf eine Verbindung mit Therese Heine, liegt kaum drei Jahre zurück. Nur sollte man nicht den Fehler begehen, hinter jeder Erwähnung eines schönen Fräuleins in einem Gedicht Heines eine konkrete Liebesaffäre auf Norderney zu suchen. Er hält notgedrungen die durch die gesellschaft-lichen Schranken gebotene Distanz zu den adligen Damen, denen er sich eher wie ein Hofdichter zugesellt: „Die Damen in Nordeney haben mich sehr ausgezeichnet, und das mit Recht. Ich war dort sehr vornehm und liebenswürdig." (An Friederike Robert, 11. Okt. 1825)

Der Umgang mit weiblicher Schönheit gehört für den Dichter zu den Annehmlichkeiten des Kurortes, wie er seinem Freund Merckel schreibt:

„Es ist hier sehr amüsant. Wellengeräusch, schöne Frauen, gutes Essen und göttliche Ruhe." (An Friedrich Merckel, 28. Juli 1826)

Heines Verhältnis zu den adligen Damen auf Norderney beschränkt sich auf geselligen Umgang, Unterhaltung, Strandspaziergänge. Ein scheues Händchenhalten ist das Äußerste, was er erleben kann. Erotisches bleibt in der Realität ausgespart. Um so mehr findet es sich in der Dichtung. Küßt der Dichter wirklich einmal ein Mädchen wie auf der Reise nach Norderney bei einem Zwischenaufenthalt in Emden, so handelt es sich um eine Angehörige niederen Standes. In der guten Gesellschaft, bei Adel und Bürgertum, herrschen strikte Regeln, die einzuhalten sind. Die jungen Damen werden behütet in die Ehe gegeben. Den jungen Herren gestattet man, durch Besuche in den einschlägigen Etablissements ihren sexuellen Wünschen nach-zukommen. Bordellbesuche waren auch in der Familie Heine in Hamburg selbstverständlich, und Heine geniert sich nicht, darauf in seinem Werk gelegentlich anzuspielen. Auch in seinen Briefen deutet er an, daß ihm die öffentlichen Damen sehr nahe gewesen seien, manchmal bis zum Überdruß. So heißt es in einem Brief aus London an Moses Moser am 9. Juni 1827: „Viel Anziehendes hier - Parlament, Westminsterabbey, englische Tragödie, schöne Weiber. Wenn ich lebendig aus England herauskomme, so sind die Weiber nicht schuld dran, sie tun das ihrige." Und aus Helgoland schreibt er an den Schriftsteller Karl Immermann (1796-1840) am 10. August 1830: „Hier sind die Weiber meine Plage. Ich glaube, wenn ich nach Nova-Zembla ginge, würde ich dort von Sängerinnen und Tänzerinnen gemartert werden. Von ersterer Sorte habe ich die Eine kaum abgefertigt, als mir die Andere schon über den Hals kommt." Mag in Heines Briefen ein gewisses Renommiergehabe mit in Rechnung gestellt werden, es bleibt Tatsache, daß Heine viel Geld bei Prostituierten ausgegeben hat. Wenn er auf Norderney eine Liebesdienerin als Import vom Festland erwähnt, so ist es nicht ausgeschlossen, daß auch Heine ihre Dienste in Anspruch genommen hat.

Der „Hofdichter der Nordsee"

„...Hier hab ich bereits acht große Seebilder geschrieben."

Auf Norderney wird Heine zum großen Schriftsteller. Er selbst nennt sich 1826 in einem Brief an seinen Verleger Julius Campe (1792-1867) scherzhaft den „Hofdichter der Nordsee" im zutreffenden Gefühl dafür, eine besondere Qualität als Autor erreicht zu haben: „Das Meer war so wild, daß ich oft zu versaufen glaubte. Aber dies wahlverwandte Element tut mir nichts Schlimmes. Es weiß recht gut, daß ich noch toller sein kann. Und dann, bin ich nicht der Hofdichter der Nordsee? - sie weiß auch, daß ich noch 2 Abteilungen zu schreiben habe." (An Campe, 29. Juli 1826) Die Inselaufenthalte sind für Heine sicherlich in erster Linie Therapie seiner körperlichen Leiden, in zweiter Linie auch Teilnahme am „high life" der Oberschicht. Am wichtigsten sind sie jedoch für seine Entwicklung als Schriftsteller. Alles was er sieht und erlebt ist potentieller Stoff für seine Dichtung. „[...] Große Natureindrücke müssen unsre Seele erweitern ehe wir den ganzen großen Menschen fassen können" schreibt er an Moses Moser im Oktober 1826. Der Blick auf die Naturlandschaft der Nordsee ist nach dieser Äußerung für den Dichter Voraussetzung für die Schilderung menschlicher Bezüge. Der „ganze große Mensch" ist nicht nur mit Napoleon oder Goethe gleichzusetzen, die er in den auf Norderney geschriebenen „Reisebildern" zum Gegenstand seiner Überlegungen macht. Das menschliche Leben insgesamt ist sein Thema. Er will „von allen Dingen und von noch einigen" sprechen, wie er an seinen Freund Moser am 14. Oktober 1826 schreibt. An Friedrich Merckel in Hamburg geht eine ähnliche Botschaft: „Im Grunde ist es auch gleichgültig was ich beschreibe; Alles ist ja Gottes Welt und der Beachtung werth; und was ich aus den Dingen nicht hinaussehe, das sehe ich hinein." (An Merckel, 6. Okt. 1826) Heine will das Dasein des Menschen als ganzes erfassen. Dabei gibt das Meer als ein Urelement menschlicher Erfahrung die Anregung. Ein Albumblatt vom 28. August 1826 an einen unbekannten Adressaten ist erhalten, welches erkennen läßt, wie Heine gerade auf der Insel im Anblick des Meeres auf Urerfahrungen des Menschen in der Dichtung Homers zurückgreift:

43

Gleichwie Blätter im Walde, so sind die Geschlechter der
Menschen;
Blätter verweht zur Erde der Wind nun, andre treibt dann
Wieder der knospende Wald, wann neu auflebet der Frühling:
So der Menschen Geschlecht, dies wächst, und jenes verschwindet.
(Il. Ges. VI. V. 146.)

Am Strande hin und herwandlend las ich gestern jene
Worte des Glaukos, und zu diesem uralten Texte
gab das einförmige Wellengeräusch die gehörige
Melodie.

Nordeney, den 28' August 1826.   H. Heine

Auf Norderney von Heine geschriebenes Albumblatt

Das Albumblatt ist erst 1996 der Öffentlichkeit bekannt geworden.
Das Zitat hat Heine allerdings bereits in „Ideen. Das Buch Le Grand"
verwendet, woraus man schließen kann, daß ihm diese Stelle aus der
„Ilias" des Griechen Homer besonders wichtig gewesen ist. Im
Albumblatt vom 28. August formuliert es Heine fast gleichlautend: „am
Strande hin und herwandlend" liest er in der „Ilias". Der Dichter wird
von dem „einförmigen Wellengeräusch" eingehüllt. Sein Geist sinnt den

gerade gelesenen Worten des Helden Glaukos nach. Die im Albumblatt zitierte Stelle handelt von der Vergänglichkeit des Menschen. Aus dem epischen Zusammenhang herausgelöst, sind die Zeilen für Heine jahrtausendealte Weisheit, wert einer fühlenden Seele mitgeteilt zu werden.

Die Wahrnehmung der Natur ist für Heine neben der unmittelbaren Anschauung zugleich ein „Bildungserlebnis". Heine sieht, denkt und empfindet in den Kategorien der klassisch-romantischen Perspektive auf die Welt. Die dem Bildungsbürger aus der Schulzeit vertrauten Gestalten der griechischen Mythologie und Historiographie werden zitiert. „Thalatta! Thalatta!", - „das Meer, das Meer", ausgerufen von den griechischen Söldnern unter der Leitung ihres Heerführers Xenophon im Jahr 400 vor Christus, als sie nach monatelangen Kämpfen endlich ans Schwarze Meer vorgedrungen waren, steht somit zu Recht als Motto vor den Nordseegedichten Heines in „Die Nordsee. (1825-1826) Erste und zweite Abteilung".

Meergruß

Thalatta! Thalatta!
Sei mir gegrüßt, du ewiges Meer!
Sei mir gegrüßt zehntausendmal,
Aus jauchzendem Herzen,
Wie einst dich begrüßten
Zehntausend Griechenherzen,
Unglückbekämpfende, heimatverlangende,
Weltberühmte Griechenherzen.
Es wogten die Fluten,
Sie wogten und brausten,
Die Sonne goß eilig herunter
Die spielenden Rosenlichter,
Die aufgescheuchten Möwenzüge
Flatterten fort, lautschreiend,
Es stampften die Rosse, es klirrten die Schilde,
Und weithin erscholl es, wie Siegesruf:
Thalatta! Thalatta!
Sei mir gegrüßt, du ewiges Meer!
Wie Sprache der Heimat rauscht mir dein Wasser,

Wie Träume der Kindheit seh ich es flimmern
Auf deinem wogenden Wellengebiet,
Und alte Erinnerung erzählt mir aufs neue
Von all dem lieben, herrlichen Spielzeug,
Von all den blinkenden Weihnachtsgaben,
Von all den roten Korallenbäumen,
Goldfischchen, Perlen und bunten Muscheln,
Die du geheimnisvoll bewahrst,
Dort unten im klaren Kristallhaus.
O! wie hab ich geschmachtet in öder Fremde!
Gleich einer welken Blume
In des Botanikers blecherner Kapsel,
Lag mir das Herz in der Brust.
Mir ist, als saß ich winterlange,
Ein Kranker, in dunkler Krankenstube,
Und nun verlaß ich sie plötzlich,
Und blendend strahlt mir entgegen
Der smaragdene Frühling, der sonnengeweckte,
Und es rauschen die weißen Blütenbäume,
Und die jungen Blumen schauen mich an,
Mit bunten, duftenden Augen,
Und es duftet und summt, und atmet und lacht,
Und im blauen Himmel singen die Vöglein -
Thalatta! Thalatta!
Du tapferes Rückzugherz!
Wie oft, wie bitteroft
Bedrängten dich des Nordens Barbarinnen!
Aus großen, siegenden Augen
Schossen sie brennende Pfeile;
Mit krummgeschliffenen Worten
Drohten sie mir die Brust zu spalten;
Mit Keilschriftbilletts zerschlugen sie mir
Das arme, betäubte Gehirn -
Vergebens hielt ich den Schild entgegen,
Die Pfeile zischten, die Hiebe krachten,
Und von des Nordens Barbarinnen
Ward ich gedrängt bis ans Meer,

Und frei aufatmend begrüß ich das Meer,
Das liebe, rettende Meer -
Thalatta! Thalatta!

Heines Rückbezug auf die Antike ist nicht nur als Anspielung auf die damals allgemein bekannten Elemente bürgerlicher Bildung zu verstehen. Er wählt die Gegenstände seiner Dichtungen sehr bewußt aus, wobei er berücksichtigt, was seine Leser interessiert. Der Schriftsteller Adolf Stahr besucht 1850 Heine in Paris und notiert 1855 folgende Äußerungen Heines über seinen Aufenthalt an der ostfriesischen Küste:

„Nachdem war ich wieder einmal allein mit dem Schulmeister in Wangeroog; da haben sie mich in die Siedels gefahren. Gott, ist das ein merkwürdiges Leben! Wenn ich das alles damals hätte dichterisch behandeln wollen, hätte es keiner verstanden, eben weil es unbekannte Dinge waren. [...]“ (Houben, S. 821)

Die eigenartige Landschaft der Küste mit den Sielen, den Inseln und dem Watt werden von Heine erlebt, aber nicht schriftstellerisch gestaltet. Heine vermutet, daß er wegen der Fremdartigkeit des Gegenstandes bei seinem Publikum auf so große Probleme des Verständnisses stoßen könnte, daß er die Gestaltung dieser Landschaft unterläßt. Anders ist es mit den Bildungsinhalten der deutschen Klassik. In deren Tradition ist seine Leserschaft auch durch Goethe, Schiller und Voß, den Übersetzer Homers, eingebunden, und so kann sich Heine mit ihr über die Anspielung auf die Welt der Griechen verständigen. So nicht nur in den Nordseegedichten, sondern auch noch später: „Bis tief in die Nacht stand ich am Meere und weinte. Ich schäme mich nicht dieser Tränen. Auch Achilles weinte am Meer, und die silberfüßige Mutter mußte aus den Wellen emporsteigen, um ihn zu trösten. Auch ich hörte eine Stimme im Wasser, aber minder trostreich, vielmehr aufweckend, gebietend und doch grundweise.“ (Aus Vorrede zu Salon I, 1833.)

Heine gehört als Schriftsteller in eine Phase des Übergangs. Noch beherrscht Goethe als Klassiker den literarischen Geschmack. Der Kreis um Rahel Varnhagen von Ense in Berlin, in dem Heine 1821/22 verkehrt, pflegt geradezu einen Goethe-Kult.

Auch Heine ordnet sich zunächst dem Dichter-Heros in Weimar unter. Seine Harzreise 1824 unternimmt er auch als eine Pilgerfahrt zu Goethe, allerdings mit einem für Heine tief enttäuschenden Ergebnis. Goethe widmet dem Studenten aus Göttingen nur wenige Minuten. Von Anerkennung des jungen Dichtertalents kann keine Rede sein.

Von größter Bedeutung für Heine ist die sich zu dieser Zeit verbreitende enthusiastische Verehrung Lord Byrons. Zu ihr trägt auch Goethe mit seiner Wertschätzung des britischen Genies bei. Im Kreis der klassisch-romantisch orientierten Literaturzirkel Berlins beeindruckt auch das zügellose Leben des Lords. Seine Teilnahme am Befreiungs- kampf der Griechen gegen die Türken und sein früher Tod sichern ihm eine Berühmtheit, die noch gesteigert wird, als in Goethes Faust II die Gestalt des Euphorion ganz offensichtlich Züge von Lord Byron trägt. Heine lernt das Helena-Fragment Goethes schon 1827 kennen. „Den ´Euphorion´ könnte man als die romantische Poesie selbst ausdeuten" bemerkt er kenntnisreich und hat damit den Bezug Goethes auf Byron treffend erfaßt. Heine wird in Berlin mit Byron verglichen. Nicht nur in seinem äußeren Auftreten, in der Art sich zu kleiden, in der Körperhaltung, im verächtlichen Blick auf unverständige Zeitgenossen und in der Pose schmerzvoller Zurückgezogenheit ahmt Heine seinen „Cousin" Byron nach. Auch in seinem Gefühl von Weltschmerz, Zerrissenheit, Überdruß an der Welt, Verachtung der Philister gibt sich Heine als Byron-Anhänger zu erkennen. Er ist „ein zerrissener Mensch, ein zerrissenes Gemüte, so zu sagen, ein Byron." (Die Bäder von Lucca)

Im Salon der Elise von Hohenhausen registriert man Heines Byron- Imitation mit Belustigung. Friederike von Hohenhausen schildert nach dem Bericht ihrer Mutter Elise von Hohenhausen Heines Auftreten in Berlin 1823:

„Jeder Dienstag führte dort (im Hause der Dichterin Elise von Hohenhausen) die genügsamen Berliner bei einer Tasse Tee zusammen. [...] Heine las dort sein eben erschienenes ›Lyrisches Intermezzo‹ , seinen ›Ratcliff‹ und ›Almansor‹ vor. Er mußte sich manche Aus- stellung, manchen Tadel gefallen lassen, namentlich erfuhr er häufig einige Persiflage über seine poetische Sentimentalität, die wenige Jahre später ihm so warme Sympathie in den Herzen der Jugend erweckt hat. Ein Gedicht mit dem Schlusse: ›Und laut aufweinend stürz´ ich mich zu ihren süßen Füßen‹ fand eine so lachende Opposition, daß er es nicht zum Druck gelangen ließ. Die Meinungen über sein Talent waren noch sehr geteilt, die wenigsten hatten eine Ahnung von seinem dereinstigen unbestrittenen Dichterruhme. Elise von Hohenhausen, welche damals mit ihren Übersetzungen des gefeierten Briten, Lord Byron, beschäftigt war, proklamierte ihn zuerst als dessen Nachfolger in Deutschland, fand aber viel Widerspruch, bei Heine jedoch sicherte ihr diese Anerkennung eine unvergängliche Dankbarkeit." (Houben, S. 38)

Johann Wolfgang von Goethe
(1749-1832)

Heine übersetzt Teile aus dem Werk von Lord Byron. Er ist vor allem von dessen Schilderung des Meeres beeindruckt. In manchen der von ihm übersetzten Verse Byrons sind die vom Meer inspirierten Gedichte Heines vorweggenommen:

„Mit dir, mein Schiff, durchsegl ich frei
Das wilde Meergebraus;
Trag mich, nach welchem Land es sei,
Nur trag mich nicht nach Haus.
Sei mir willkommen, Meer und Luft!
Und ist die Fahrt vollbracht,
Sei mir willkommen, Wald und Kluft!
Mein Vaterland - gut Nacht!"
(Child Harold. Erster Gesang)

Byrons Gedichte atmen wie bei Heine den Geist unbändigen Freiheitsdranges verbunden mit dem Gefühl, in verzweiflungsvoller Einsamkeit zu leben. Die von Heine artikulierte „Zerrissenheit" des dichterischen Genies entspricht dem Zeitgeist. Der Dichter

George Noel Gordon
Lord Byron (1788-1824)

sieht sich in selbstgewählter Isolierung und fühlt sich einem der Dichtkunst verständnislos gegenüberstehenden Publikum ausgesetzt. Wenn sich Heine darüber beklagt, in Hamburg weder bei seiner Cousine Amalie noch sonst im Hause seines reichen Onkels Verständnis für seine Poesie zu finden, so ist das nicht nur eine individuelle Lebenserfahrung, sondern entspricht einer allgemeinen Tendenz, bei der Kunstwelt und bürgerliche Erwerbswelt in schroffem Gegensatz aufgefaßt werden. Den banausischen Geldmenschen gegenüber verfällt

Elise Freifrau von Hohenhausen.

der Dichter in die Haltung des „Weltschmerzes". Heines Gedichte der frühen 20er Jahre sind ganz von diesem Ton schmerzlicher Resignation durchdrungen. („Gedichte" 1822, „Lyrisches Intermezzo" 1823, „Heimkehr" 1823/24). Auch in den Gedichten, die Heine während und im Anschluß an seinen ersten Nordseeaufenthalt in Cuxhaven schreibt („Heimkehr" VI-XIV), findet man den Gegensatz von dichterischem Ich und feindseliger Umwelt. Der biographische Hintergrund schimmert durch, wenn der Dichter am Meer in romantischer Stimmung andeutungsweise auf ein Liebeserlebnis verweist, zugleich aber die Unmöglichkeit einer dauerhaften Verbindung schildert. Konventionell wie die Thematik sind auch das Versmaß und die gereimten vierzeiligen Strophen. Die volksliedhafte Art der Gedichte begründet bald den Ruhm Heines als spätromantisch-sentimentalen Dichter und inspiriert Franz Schubert, Felix Mendelssohn-Bartholdy, Robert Schumann und viele andere zu zahlreichen populär gewordenen Kompositionen.

Heines Weg zum „Hofdichter der Nordsee" vollzieht sich in zwei Etappen. Die erste ist mit dem Aufenthalt in Cuxhaven-Ritzebüttel im Sommer 1823 verbunden, die zweite mit den Besuchen der Insel Norderney in den Sommern 1825 und 1826. Dichterischen Nieder-schlag findet der erste Aufenthalt in dem Gedichtzyklus „Die Heimkehr", der zweite in dem Zyklus „Die Nordsee". Bei seinem ersten Kontakt mit dem Meer 1823 lernt Heine das nasse Element gleich von seiner wildesten Seite kennen. Auf der Fahrt nach Helgoland erlebt er mitten im Sommer einen Sturm, der zu einem nachhaltigen Erlebnis für den Dichter wird. Der Kapitän muß vor Helgoland umkehren, weil die Wellen zu stark sind und eine Landung auf der Insel unmöglich ist. Das Schiff kämpft sich durch die stürmische See nach Cuxhaven zurück. Heine macht eine der schlimmsten Erfahrungen seines Lebens mit Angst, Seekrankheit, Panik der Mitreisenden und Schreien der Schiffsmannschaft. Seinem Freund Moses Moser in Berlin berichtet er am 23. August 1823:

„Ich bin in diesem Augenblick wie zerschlagen, die ganze Nacht habe ich auf der Nordsee herumgeschwommen, ich wollte nach Hellegoland reisen, doch in der Nähe dieser Insel mußte der Capitän wieder umkehren, weil der Sturm gar zu entsetzlich war. Es hat ganz seine Richtigkeit mit dem was man von der Wildheit des Meeres sagt. Es soll einer der wildesten Stürme gewesen seyn, die See war eine bewegliche Berggegend, die Wasserberge zerschellten gegen einander, die Wellen schlagen über das Schiff zusammen und schleudern es herauf und herab, Musik der Kotzenden in der Kajüte, Schreyen der Matrosen, dumpfes Heulen der Winde, Brausen, Summen, Pfeifen, Mordspektakel, der Regen gießt herab als wenn die Himmlischen Heerschaaren ihre Nachttöpfe ausgössen, - und ich lag auf dem Verdecke, und hatte nichts weniger als fromme Gedanken in der Seele. Ich sage Dir, obschon ich im Winde die Posaunen des jüngsten Gerichts

hören konnte und in den Wellen Abrahams Schooß weit geöffnet sah,
so befand ich mich doch weit besser als in der Sozietät mauschlender
Hamburger und Hamburgerinnen, Hamburg !!! mein Elisium und
Tartarus zu gleicher Zeit! Ort, den ich detestire und am meisten liebe,
wo mich die abscheulichsten Gefühle martern und wo ich mich dennoch
hin wünsche, und wo ich mich gewiß in der Folge oft befinden werde,
und - [...]"

Im Gedicht hat Heine diese Sturmfahrt so gestaltet:

> Der Sturm spielt auf zum Tanze,
> Er pfeift und saust und brüllt;
> Heisa! wie springt das Schifflein!
> Die Nacht ist lustig und wild.
>
> Ein lebendes Wassergebirge
> Bildet die tosende See;
> Hier gähnt ein schwarzer Abgrund,
> Dort türmt es sich weiß in die Höh'.
>
> Ein Fluchen, Erbrechen und Beten
> Schallt aus der Kajüte heraus;
> Ich halte mich fest am Mastbaum
> Und wünsche: Wär ich zu Haus.
> („Die Heimkehr" XI)

Heine macht noch manche stürmische Seereise, aber diese war eine der
schlimmsten. Das Gedicht entspricht genau der im Brief geschilderten
Szenerie der nächtlichen Sturmesfahrt. Auch das Gedicht „Der Wind
zieht seine Hosen an" („Die Heimkehr" X) gehört in diesen Zusammenhang.

> Der Wind zieht seine Hosen an,
> Die weißen Wasserhosen!
> Er peitscht die Wellen, so stark er kann,
> Die heulen und brausen und tosen.

Aus dunkler Höh', mit wilder Macht,
Die Regengüsse träufen;
Es ist, als wollt die alte Nacht
Das alte Meer ersäufen.

An den Mastbaum klammert die Möwe sich
Mit heiserem Schrillen und Schreien;
Sie flattert und will gar ängstiglich
Ein Unglück prophezeien.

Eigenartig ist die befreiende Wirkung des Sturmes. Heine ist der See
verfallen. Das Meer als Element ergreift ihn. Er identifiziert sich mit
ihm. Ein später aus dem Gedichtzyklus „Heimkehr" wieder entferntes
Gedicht ist ebenfalls Reflex dieses einschneidenden Erlebnisses.

Segelschiff im Sturm

Eingehüllt in graue Wolken,
Schlafen jetzt die großen Götter,
Und ich höre, wie sie schnarchen,
Und wir haben wildes Wetter.

Wildes Wetter! Sturmeswüten
Will das arme Schiff zerschellen -
Ach, wer zügelt diese Winde
Und die herrenlosen Wellen!

Kanns nicht hindern, daß es stürmet,
Daß da dröhnen Mast und Bretter,
Und ich hüll mich in den Mantel,
Um zu schlafen wie die Götter.

Wie nachhaltig die erste Helgolandfahrt auf Heine gewirkt hat, zeigt eine Passage aus der „Harzreise". Bei der Besichtigung der Grube Karolina im September 1824 erinnert er sich an die schlimme Sturmnacht des Jahres 1823. Um das Gefühl der Beklemmung auf glitschigen Leitersprossen im Bergwerk zu verdeutlichen, verweist er auf den Nordseesturm:

„[...] Wirklich, es war betäubend, das Atmen wurde mir schwer, und mit Mühe hielt ich mich an den glitschrigen Leitersprossen. Ich habe keinen Anflug von sogenannter Angst empfunden, aber, seltsam genug, dort unten in der Tiefe erinnerte ich mich, daß ich im vorigen Jahre, ungefähr um dieselbe Zeit, einen Sturm auf der Nordsee erlebte, und ich meinte jetzt, es sei doch eigentlich recht traulich angenehm, wenn das Schiff hin und her schaukelt, die Winde ihre Trompeterstückchen losblasen, zwischendrein der lustige Matrosenlärmen erschallt und alles frisch überschauert wird von Gottes lieber, freier Luft. Ja, Luft! - Nach Luft schnappend, stieg ich einige Dutzend Leitern wieder in die Höhe, und mein Steiger führte mich durch einen schmalen, sehr langen, in den Berg gehauenen Gang nach der Grube Dorothea. Hier ist es luftiger und frischer [...] Hier wurde mir auch besser zumute, besonders da ich wieder Spuren lebendiger Menschen gewahrte. [...]"

Bei seinen Reisen 1825 und 1826 erlebt Heine die Nordsee wieder in ihrer ganzen Vielfalt: Stürme, Flauten, Wildheit der Wellen, spiegelglatte See, glitzernde Wellen im Abendrot, Silberglanz des

Mondscheins auf dem Wasser. Alle Erscheinungen nimmt der Dichter in sich auf. Seine poetische Entwicklung ist inzwischen fortgeschritten. Von dem Gleichmaß seiner bisherigen Verse nimmt er Abstand. Sie scheinen ihm nicht mehr zur Wildheit und Beweglichkeit des wechselhaften Elements zu passen. Nach dichterischen Vorbildern wählt er als Versmaß für seine Nordseelyrik freie Rhythmen. Er gibt immer wieder Rechenschaft davon, wie sich bei ihm eine völlig neue Art lyrischen Ausdrucks herausbildet. In einem Brief an Friederike Robert vom 12. Oktober 1825 kündigt Heine als schriftstellerisches Ergebnis seiner Reise in das Nordseebad Norderney an: „Die Beschreibung einiger Seefahrthen die ich nebenbey gemacht will ich Ihnen zuschicken." Daß es sich hierbei um die neuen Nordseegedichte handelt, geht aus einem Brief an den Verleger Gubitz hervor:

„Lieber Professor! [...] Anfangs August verließ ich Göttingen, reiste nach Norderney, gebrauchte mit Erfolg das dortige Seebad, machte mehrere Seefahrten, besuchte die Ostfriesischen Inseln und habe dieses in einer Reihe „Seestücke" allerliebst beschrieben." (An Friedrich Wilhelm Gubitz, Hamburg, den 23. November 1825)

Über seine auf Norderney und in der Folgezeit in Lüneburg entstandenen Seegedichte unterrichtet Heine auch seinen Freund Moses Moser (15. Dez. 1825), in dem Bewußtsein, etwas Neuartiges vollbracht zu haben:

„[...] ihr Inhalt gehört zu dem Eigentümlichsten was ich geschrieben habe. Du siehst jeden Sommer entpuppe ich mich und ein neuer Schmetterling flattert hervor. Ich bin also doch nicht auf eine bloß lyrisch maliziöse zweistrophige Manier beschränkt." Dem Liederdichter Wilhelm Müller, dem er viele Anregungen für sein eigenes Dichten verdankt, schreibt Heine: „Die ´Nordsee´ gehört zu meinen letzten Gedichten, und Sie erkennen daraus, welche neue Töne ich anschlage und in welchen neuen Weisen ich mich ergehe [...]" (An Wilhelm Müller, 7. Juni 1826)

Heine ist sich bewußt, daß reimlose Verse mit unregelmäßigem Versmaß und freier rhythmischer Gestaltung beim Publikum auf Schwierigkeiten stoßen werden. Darauf verweist er in einem Brief an den Dichter Karl Simrock (1802-1876):

„Ob dieses letztere (das Publikum) an den Nordseebildern Geschmack finden wird ist sehr dubiös. Unsre gewöhnlichen Süßwasser-

Leser kann schon allein das ungewohnt schaukelnde Metrum einigermaßen seekrank machen. Es geht doch nichts über den alten ehrlichen Plattweg, das alte Gleise der poetischen Landstraße. - Du kannst kaum glauben, lieber Symrok, wie sehr ich das Meer liebe, ich will in kurzem wieder aufs Wasser, und es kann noch einige Zeit an währen bis ich wieder nach Berlin komme. [...]" (An Karl Simrock, 26. Mai 1826)

Die Begegnung mit dem Meer im Sommer 1825 hat in Heine einen dichterischen Prozeß angeregt, der sich im folgenden Jahr fortsetzt. Heine befindet sich in einer höchst kreativen Phase seines Schaffens. Trotz Depressionen, trotz der Unsicherheit über seine Zukunft, der ungeklärten finanziellen Verhältnisse, der Abhängigkeit vom Elternhaus und von seinem Onkel gelingt ihm die Fertigstellung vieler Werke. „Ich befinde mich schlecht und Alles geht langsam. [...] Ich befinde mich schlecht und voll Poesie." So lautet die paradoxe Formel für seine schöpferische Phase. (An Friedrich Merckel, 13. Okt. 1826) Seine Lebensplanung geht inzwischen über den bisherigen Rahmen Hamburgs und Norddeutschlands hinaus. Er schreibt an den Schriftsteller Karl Immermann in Magdeburg am 14. Oktober 1826:

„Ich verließ Göttingen, suchte in Hamburg ein Unterkommen, fand aber nichts als Feinde, Verklatschung und Aerger, gab aus Gegentrotz den 1sten Theil der Reisebilder heraus (ich hab sie Ihnen geschickt; haben Sie sie erhalten?) reiste zum zweitenmale nach dem nordeneyer Seebad, schwamm und kreuzte verdrießlich auf der Nordsee herum, und bin vor 3 Wochen hier im Schoße meiner Familie zurückgekehrt, bedeutend gesunder, aber noch immer krank, kirchhofruhig und in der Absicht einige Monathe oder so lange hier zu bleiben bis die Langeweile mich forttreibt. Aber was kein Mensch weiß und was ich bloß Ihnen sage - und was Sie keinem Menschen wiedersagen dürfen, das ist mein Plan, mein wiedergefaßter Plan: Deutschland auf immer zu verlassen, nachdem ich diesen Winter noch einige Zeit in Hamburg verweilt, wo ich den 2ten Theil der Reisebilder alsdann drucken lasse. Von da soll es zur See nach Amsterdam gehen und von da nach Paris. O wie lieb ich das Meer, ich bin mit diesem wilden Ellement so ganz herzinnig vertraut worden, und es ist mir wohl wenn es tobt. [...]"

Seine Liebe zum Meer faßt Heine in die berühmt gewordenen Sätze der „Reisebilder": „Ich liebe das Meer wie meine Seele. Oft wird mir sogar zumute, als sei das Meer eigentlich meine Seele selbst." Diese

Offenbarung sollte den heutigen Leser davor bewahren, in Heines Schilderung der Nordsee lediglich eine literarische Kulisse für seine Dichtung zu sehen. Vor allem die Wildheit der Nordsee hat es ihm angetan. Heine hat in der Begegnung mit der Nordsee ein Thema für seine Dichtung gefunden, das bisher so noch nicht gestaltet worden ist. Auch in seinem eigenen Schaffensprozeß stellen die jetzt verfaßten Gedichte etwas vollkommen Neues dar. Die zum Teil in Cuxhaven entstandenen Meeresgedichte im Zyklus „Heimkehr" (1823) wandeln noch auf dem „alten ehrlichen Plattweg" der Poesie, benutzen noch „das alte Gleise der poetischen Landstraße". Sie sind gereimte Vierzeiler im gewohnten Versmaß. Sie haben noch nicht das „ungewohnt schaukelnde Metrum", das den Leser „seekrank machen" kann, womit Heine auf die freien Rhythmen seiner auf Norderney entstandenen Gedichte anspielt. Diese sind getragen von der Wellenbewegung realer Seefahrten, die der Dichter unternommen hat:

„Ich miethete mir ein Ever und zwey Schiffer und den Tag über fuhr ich beständig auf der Nordsee herum. Die See war mein einziger Umgang - und ich habe nie einen besseren gehabt. - Nächte am Meer; wunderherlich, groß. Ich dachte oft an Dich. Ja es kam mir vor als finge ich jetzt erst an Dich zu begreifen. Große Natureindrücke müssen unsre Seele erweitern ehe wir den ganzen großen Menschen fassen können. [...] Die 2te Abtheilung der „Nordsee" die den 2ten Band eröffnen wird ist weit originaler und kühner als die 1ste Abtheilung und wird Dir gewiß gefallen. Ich habe eine ganz neue Bahn darin gebrochen, mit Lebensgefahr." (An Moses Moser, 14. Okt. 1826)

Bei nächtlichen Spaziergängen am Meer erlebt der Dichter den Zauber der Natur: Wellengeräusch, Vogelgeschrei, knirschende Schritte auf den Muscheln, phosphoreszierende Funken durch das Meeresleuchten im nassen Sand:

„Derweilen, am flachen Gestade,
Über den flutbefeuchteten Sand,
Schreitet ein Fremdling, mit einem Herzen,
Das wilder noch als Wind und Wellen.
Wo er hintritt,
Sprühen Funken und knistern die Muscheln;
Und er hüllt sich fest in den grauen Mantel,
Und schreitet rasch durch die wehende Nacht; -

57

Sicher geleitet vom kleinen Lichte,
Das lockend und lieblich schimmert
Aus einsamer Fischerhütte."
  (Die Nacht am Strande)

Heine weiß, welches Risiko damit verbunden ist, den dichterisch neuen Gegenstand in ungewohntem Versmaß zu behandeln. Das Publikum wird ihn gerade dabei an Goethe messen, dessen Hymnen in freien Rhythmen den Maßstab abgeben. Als Meisterschüler August Wilhelm von Schlegels ist sich Heine über den hohen Anspruch klar, mit dem er jetzt vor seine Leserschaft tritt. Es dürfte ihr schwer gefallen sein, die bisher in der Lyrik ungewohnten Töne zu hören und die eigenwilligen Formulierungen des Dichters hinzunehmen. Die konkrete Anschauung des Meeres vom Strand Norderneys aus und das Erlebnis oft stürmischer Seefahrten sind in manchem Gedicht zu spüren:

An den Mastbaum gelehnt, auf dem hohen Verdeck,
Stand ich und hört ich des Vogels Gesang.
Wie schwarzgrüne Rosse mit silbernen Mähnen,
Sprangen die weißgekräuselten Wellen;
Wie Schwänenzüge schifften vorüber,
Mit schimmernden Segeln, die Helgolander,
Die kecken Nomaden der Nordsee;
Über mir, in dem ewigen Blau,
Flatterte weißes Gewölk
Und prangte die ewige Sonne,
Die Rose des Himmels, die feuerblühende,
Die freudvoll im Meer sich bespiegelte; -
Und Himmel und Meer und mein eigenes Herz
Ertönten im Nachhall:
Sie liebt ihn! sie liebt ihn!

Heines nächtliche Fahrten mit den Norderneyer Fischerbooten auf dem ruhigen Meer versetzen den Dichter in eine träumerische Stimmung. Er nimmt sie in sich auf und schreibt Verse, in denen die Seele im Einklang mit sich selbst ist:

Nachts in der Kajüte

Das Meer hat seine Perlen,
Der Himmel hat seine Sterne,
Aber mein Herz, mein Herz,
Mein Herz hat seine Liebe.
Groß ist das Meer und der Himmel,
Doch größer ist mein Herz,
Und schöner als Perlen und Sterne,
Leuchtet und strahlt meine Liebe.
Du kleines, junges Mädchen,
Komm an mein großes Herz;
Mein Herz und das Meer und der Himmel
Vergehn vor lauter Liebe.

*

An die blaue Himmelsdecke,
Wo die schönen Sterne blinken,
Möcht ich pressen meine Lippen,
Pressen wild und stürmisch weinen.
Jene Sterne sind die Augen
Meiner Liebsten, tausendfältig
Schimmern sie und grüßen freundlich
Aus der blauen Himmelsdecke.
Nach der blauen Himmelsdecke,
Nach den Augen der Geliebten,
Heb ich andachtsvoll die Arme,
Und ich bitte und ich flehe:
Holde Augen, Gnadenlichter,
O, beseligt meine Seele,
Laßt mich sterben und erwerben
Euch und euren ganzen Himmel!

*

Aus den Himmelsaugen droben
Fallen zitternd goldne Funken
Durch die Nacht, und meine Seele
Dehnt sich liebeweit und weiter.
O, ihr Himmelsaugen droben!

Weint euch aus in meine Seele,
Daß von lichten Sternentränen
Überfließet meine Seele.

*

Eingewiegt von Meereswellen,
Und von träumenden Gedanken,
Lieg ich still in der Kajüte,
In dem dunkeln Winkelbette.
Durch die offne Luke schau ich
Droben hoch die hellen Sterne,
Die geliebten, süßen Augen
Meiner süßen Vielgeliebten.
Die geliebten, süßen Augen
Wachen über meinem Haupte,
Und sie blinken und sie winken
Aus der blauen Himmelsdecke.
Nach der blauen Himmelsdecke
Schau ich selig lange Stunden,
Bis ein weißer Nebelschleier
Mir verhüllt die lieben Augen.

*

An die bretterne Schiffswand,
Wo mein träumendes Haupt liegt,
Branden die Wellen, die wilden Wellen.
Sie rauschen und murmeln
Mir heimlich ins Ohr:
„Betörter Geselle!
Dein Arm ist kurz, und der Himmel ist weit,
Und die Sterne droben sind festgenagelt,
Mit goldnen Nägeln, -
Vergebliches Sehnen, vergebliches Seufzen,
Das beste wäre, du schliefest ein."

Bei mehreren stürmischen Seefahrten erlebt der Dichter die Wildheit
des Meeres. Heine liebt solche Fahrten, obwohl die Seekrankheit ihren
Tribut fordert. Er fühlt sich wohl im tosenden Sturm, gleicht er doch
dem Aufruhr in seiner Seele:

Sturm

Es wütet der Sturm,
Und er peitscht die Wellen,
Und die Welln, wutschäumend und bäumend,
Türmen sich auf, und es wogen lebendig
Die weißen Wasserberge,
Und das Schifflein erklimmt sie,
Hastig mühsam,
Und plötzlich stürzt es hinab
In schwarze, weitgähnende Flutabgründe -
O Meer!
Mutter der Schönheit, der Schaumentstiegenen!
Großmutter der Liebe! schone meiner!
Schon flattert, leichenwitternd,
Die weiße, gespenstische Möwe,
Und wetzt an dem Mastbaum den Schnabel,
Und lechzt, voll Fraßbegier, nach dem Herzen,
Das vom Ruhm deiner Tochter ertönt,
Und das dein Enkel, der kleine Schalk,
Zum Spielzeug erwählt.
Vergebens mein Bitten und Flehn!
Mein Rufen verhallt im tosenden Sturm,
Im Schlachtlärm der Winde.
Es braust und pfeift und prasselt und heult,
Wie ein Tollhaus von Tönen!
Und zwischendurch hör ich vernehmbar
Lockende Harfenlaute,
Sehnsuchtwilden Gesang,
Seelenschmelzend und seelenzerreißend,
Und ich erkenne die Stimme.
Fern an schottischer Felsenküste,
Wo das graue Schlößlein hinausragt
Über die brandende See,
Dort, am hochgewölbten Fenster,
Steht eine schöne, kranke Frau,
Zartdurchsichtig und marmorblaß,

Und sie spielt die Harfe und singt,
Und der Wind durchwühlt ihre langen Locken,
Und trägt ihr dunkles Lied
Über das weite, stürmende Meer.

Im folgenden Gedicht ironisiert Heine die uralte Menschheitsfrage nach dem Sinn des Lebens:

Fragen

Am Meer, am wüsten, nächtlichen Meer
Steht ein Jüngling-Mann,
Die Brust voll Wehmut, das Haupt voll Zweifel,
Und mit düstern Lippen fragt er die Wogen:
„O löst mir das Rätsel des Lebens,
Das qualvoll uralte Rätsel,
Worüber schon manche Häupter gegrübelt,
Häupter in Hieroglyphenmützen,
Häupter in Turban und schwarzem Barett,
Perückenhäupter und tausend andre
Arme, schwitzende Menschenhäupter -
Sagt mir, was bedeutet der Mensch?
Woher ist er kommen? Wo geht er hin?
Wer wohnt dort oben auf goldenen Sternen?"
Es murmeln die Wogen ihr ewges Gemurmel,
Es wehet der Wind, es fliehen die Wolken,
Es blinken die Sterne, gleichgültig und kalt,
Und ein Narr wartet auf Antwort.

Nichts scheint dem Dichter heilig zu sein, die jüdische Religion so wenig wie die christliche, erst recht nicht die Philosophie Hegels. Trunkenselige Stimmung, wie man sie im Ratskeller zu Bremen erleben kann, ist ihm Lebenserfüllung genug:

Hallelujah! Wie lieblich umwehen mich
Die Palmen von Beth El!
Wie duften die Myrrhen von Hebron!

Wie rauscht der Jordan und taumelt vor Freude! -
Auch meine unsterbliche Seele taumelt,
Und ich taumle mit ihr, und taumelnd
Bringt mich die Treppe hinauf, ans Tagslicht,
Der brave Ratskellermeister von Bremen.
Du braver Ratskellermeister von Bremen!
Siehst du, auf den Dächern der Häuser sitzen
Die Engel und sind betrunken und singen
Die glühende Sonne dort oben
Ist nur eine rote, betrunkene Nase,
Die Nase des Weltgeists;
Und um die rote Weltgeistnase
Dreht sich die ganze, betrunkene Welt.

Spaziergänge am Meeresstrand mit dem monotonen Geräusch der
Wellen versetzen Heine in eine Stimmung grüblerischen Sinnens. Ihm
wird klar, daß er trotz aller Erfolge als junger Schriftsteller, trotz der
Zuwendung des adligen Publikums, vor allem auch der Damen, ein
Außenseiter geblieben ist. Es ist der auch mit der christlichen Taufe „nie
abzuwaschende Jude", wie er in einem Brief aus Norderney schreibt,
der ihm eine berufliche und gesellschaftliche Zukunft in Deutschland
verbaut. Deshalb denkt er an Auswanderung. Als Exil kommt für ihn
nur Paris in Frage, ein Ziel, das er schon vor Jahren anvisiert hat, als er
über seine schwierige Existenz in Deutschland nachdachte. In einem
Brief an Christian Sethe am 1. September 1825 aus Norderney findet
sich die halbernste Klage: „O läg ich doch begraben unter den weißen
Dünen. - Ich bin in meinen Wünschen sehr mäßig geworden. Einst
wünschte ich begraben zu seyn unter einer Palme des Jordans, - - -"
    Hinter dem Spott über sein verlorenes Judentum steckt die
Erkenntnis, die Wurzeln seiner Herkunft verloren zu haben und nun
ohne inneren Halt auf dem Meer des Lebens dahinzutreiben. Die
Betrachtung der Natur am Strand der Insel legt ihm einen solchen
Vergleich nahe. Am Strand entlangwandelnd empfindet er sein Dasein
als unstet, ruhelos dem Meer preisgegeben wie der „fliegende
Holländer", dessen Legende ihn fasziniert. Zugleich erinnert er sich an
den „ewigen Juden", der wie der „fliegende Holländer" unerlöst über
die Erde irrt. In einem Brief an Moses Moser heißt es:

„Jetzt schwimme ich wieder auf der Nordsee. Das Salzwasserelement sagt mir zu, es wird mir wohl und leicht zu Muth wenn mein Kahn von den Wellen wie ein Ball hin und her geworfen wird, das Ersaufen ist mir ein tröstender Gedanke, der einzige Trost den mir der grausame Priester von Heliopolis gelassen hat - indem er dem Wasser keine Balken untergelegt. Wie tief begründet ist doch der Mythos des ewigen Juden! Im stillen Waldthal erzählt die Mutter ihren Kindern das schaurige Mährchen, die Kleinen drücken sich ängstlicher an den Herd, draußen ist Nacht - das Posthorn tönt - Schacherjuden fahren nach Leipzig zur Messe -. Wir die wir die Helden des Mährchens sind, wir wissen es selbst nicht. Den weißen Bart, dessen Saum die Zeit wieder verjüngend geschwärzt hat, kann kein Barbier abrasieren." (An Moses Moser, 28. Juli 1826)

Moser versteht die Anspielung auf den „Priester von Heliopolis" richtig als Hinweis auf den Pastor Grimm aus Heiligenstadt, der ihn im Jahr vorher getauft hat. Sein Taufwasser hat keine Balken und kann ein „Ersaufen" nicht verhindern. Die neue Religion bietet keine Zuflucht, zugleich tritt das von ihm innerlich abgetane Judentum wieder hervor, doch es ist noch weniger ein Halt für die gequälte Seele. Weltanschaulich bleibt Heine ein Zerrissener, äußerlich sichtbar in einer so nebensächlich erscheinenden Eigenheit des Dichters, sich nicht mit seinem neuen Taufnamen „Heinrich" zu nennen oder damit zu unterzeichnen, sondern nur mit „H. Heine", „H." immer auch noch für „Harry" stehend. Ein Beispiel dieser inneren Zerrissenheit und seiner selbstquälerischen Zweifel ist das Gedicht „Frieden" in dem auf Norderney verfaßten Zyklus „Nordsee II", der in den „Reisebildern" veröffentlicht wird. Es wirkt in seiner radikalen Anklage gegen die Konvertierung zum Christentum so bitter und die religiösen Gefühle des Lesepublikums so tief verletzend, daß auch die Freunde wie Varnhagen von Ense protestieren. Der erste Teil des Gedichts enthält eine großartige Vision:

Hoch am Himmel stand die Sonne,
Von weißen Wolken umwogt,
Das Meer war still,
Und sinnend lag ich am Steuer des Schiffes,
Träumerisch sinnend, - und halb im Wachen
Und halb im Schlummer, schaute ich Christus,

Heinrich Heine um 1830

Den Heiland der Welt.
Im wallend weißen Gewande
Wandelt er riesengroß
Über Land und Meer;
Es ragte sein Haupt in den Himmel,
Die Hände streckte er segnend
Über Land und Meer;
Und als ein Herz in der Brust
Trug er die Sonne,
Die rote, flammende Sonne ,
Und das rote, flammende Sonnenherz
Goß seine Gnadenstrahlen
Und sein holdes, liebseliges Licht,
Erleuchtend und wärmend,
Über Land und Meer.
Glockenklänge zogen feierlich
Hin und her, zogen wie Schwäne,
An Rosenbändern, das gleitende Schiff,
Und zogen es spielend ans grüne Ufer,
Wo Menschen wohnen, in hochgetürmter,
Ragender Stadt.
O Friedenswunder! Wie still die Stadt!
Es ruhte das dumpfe Geräusch
Der schwatzenden, schwülen Gewerbe,
Und durch die reinen, hallenden Straßen
Wandelten Menschen, weißgekleidete,
Palmzweigtragende,
Und wo sich Zwei begegneten,
Sahn sie sich an, verständnisinnig,
Und schauernd, in Liebe und süßer Entsagung,
Küßten sie sich auf die Stirne,
Und schauten hinauf
Nach des Heilands Sonnenherzen,
Das freudig versöhnend sein rotes Blut
Hinunterstrahlte,
Und dreimalselig sprachen sie:
 Gelobt sei Jesu Christ!

Bis zu dieser Zeile könnte man meinen, daß Heine einer der christlichsten Dichter der Romantik sei. Aber dann folgt der zweite Teil des Gedichtes:

> Hättest du doch dies Traumbild ersonnen,
> Was gäbest du drum,
> Geliebtester!
> Der du in Kopf und Lenden so schwach,
> Und im Glauben so stark bist,
> Und die Dreifaltigkeit ehrest in Einfalt,
> Und den Mops und das Kreuz und die Pfote
> Der hohen Gönnerin täglich küssest,
> Und dich hinaufgefrömmelt hast
> Zum Hofrat und dann zum Justizrat,
> Und endlich zum Rate bei der Regierung,
> In der frommen Stadt,
> Wo der Sand und der Glauben blüht,
> Und der heiligen Sprea geduldiges Wasser
> Die Seelen wäscht und den Tee verdünnt -
> Hättest du doch dies Traumbild ersonnen,
> Geliebtester!
> Du trügest es, höheren Ortes, zu Markt,
> Dein weiches, blinzelndes Antlitz
> Verschwämme ganz in Andacht und Demut,
> Und die Hocherlauchte,
> Verzückt und wonnebebend,
> Sänke betend mit dir aufs Knie,
> Und ihr Auge, selig strahlend,
> Verhieße dir eine Gehaltszulage
> Von hundert Talern Preußisch Courant,
> Und du stammeltest händefaltend:
> Gelobt sei Jesu Christ!

Heine kritisiert in diesem Gedicht nicht nur die frömmelnden Karrieristen im allgemeinen, er zielt vor allem auf die zum Christentum übergetretenen Juden, von denen es gerade in Berlin einige gibt, die jetzt als neue Christen wahrhaft „zu Kreuze kriechend" die Gehaltsstufen emporklimmen. Die christliche Religion als Vehikel zum Erfolg in

Staatsdienst und Geschäftswelt! Heines Freunde sind betroffen über eine solche schonungslose Kritik und erheben Einwände. Der Dichter akzeptiert sie. Im Abdruck der Nordseegedichte im „Buch der Lieder" 1827 fehlt deshalb der zweite Teil des Gedichts „Frieden".

Hinweise auf die Lebensumstände Heines sind in seinen Gedichten selten unmittelbar herauszulesen. Heine pflegt in seiner Lyrik Versteckspiele mit der Realität, die er nie direkt offenbaren will. So könnte in dem Gedicht „Meergruß" die Flucht vor „des Nordens Barbarinnen" eine Anspielung auf die Schwestern Amalie und Therese Heine sein, denen sich der von Kämpfen ermattete Dichter nur durch die Flucht ans freie Meer entziehen kann. In dem Gedicht „Der Schiffbrüchige" ist in dem „Weib im Norden" eine Frau vermutet worden, von der Heine in einem Brief an Merckel am 4. August 1826 berichtet. (Klaus Briegleb im Kommentar zu H. Heine, Sämtliche Schriften Bd. 1, S. 755) Solche Hinweise auf den biographischen Hintergrund zeigen jedoch nur, wie wenig Heine von seinen Erlebnissen unmittelbar wiederzugeben bereit ist. Es ist deshalb auch müßig, bei dem Gedicht „Erklärung" in ein Rätselraten zu verfallen und die junge Prinzessin Agnes von Hohenlohe-Langenburg (1804-1875) in der Verszeile „Agnes, ich liebe dich" zu identifizieren.

Erklärung

Herangedämmert kam der Abend,
Wilder toste die Flut,
Und ich saß am Strand, und schaute zu
Dem weißen Tanz der Wellen,
Und meine Brust schwoll auf wie das Meer,
Und sehnend ergriff mich ein tiefes Heimweh
Nach dir, du holdes Bild,
Das überall mich umschwebt,
Und überall mich ruft,
Überall, überall,
Im Sausen des Windes, im Brausen des Meers,
Und im Seufzen der eigenen Brust.
Mit leichtem Rohr schrieb ich in den Sand:
„Agnes, ich liebe Dich!"
Doch böse Wellen ergossen sich

Und löschten es aus.
Zerbrechliches Rohr, zerstiebender Sand,
Zerfließende Wellen, euch trau ich nicht mehr!
Der Himmel wird dunkler, mein Herz wird wilder,
Und mit starker Hand, aus Norwegs Wäldern,
Reiß ich die höchste Tanne,
Und tauche sie ein
In des Ätnas glühenden Schlund, und mit solcher
Feuergetränkten Riesenfeder
Schreib ich an die dunkle Himmelsdecke:
„Agnes, ich liebe Dich!"
Jedwede Nacht lodert alsdann
Dort oben die ewige Flammenschrift,
Und alle nachwachsende Enkelgeschlechter
Lesen jauchzend die Himmelsworte:
„Agnes, ich liebe Dich!"

Enttäuschte Liebe, enttäuschte Hoffnung, gekränkte Eitelkeit, Abschiedsstimmung, Todesgedanken, Wertherstimmung, Homer-Lektüre - Heine verarbeitet alles auf produktive Weise. Er reflektiert seine Seelenverfassung in seinen Gedichten, spottet über sich selbst, manchmal auch über seine lyrischen Produkte. Seine Sentimentalität ist ihm Gegenstand der dichterischen Gestaltung, und das in ironischer Brechung: „Hol mich der Teufel, ich werde sentimental." (An Christian Sethe, 1. Sept. 1825) Daher wirkt das „Agnes, ich liebe dich!" zweideutig, schwankend zwischen echt und unecht, zwischen Liebeserklärung und Parodie.

Echt ist in jedem Fall Heines Liebe zum Meer, die Faszination angesichts einer grandiosen Naturlandschaft, die bis dahin noch kein moderner Dichter mit diesen Augen gesehen hatte. Das Meer ist für ihn der Spiegel seiner Seele: sanft, weich, melancholisch plätschernd bei Windstille - leidenschaftlich, wild brausend bei Sturm.

Gewitter

Dumpf liegt auf dem Meer das Gewitter,
Und durch die schwarze Wolkenwand
Zuckt der zackige Wetterstrahl,

Rasch aufleuchtend und rasch verschwindend,
Wie ein Witz aus dem Haupte Kronions.
Über das wüste, wogende Wasser
Weithin rollen die Donner
Und springen die weißen Wellenrosse,
Die Boreas selber gezeugt
Mit des Erichthons reizenden Stuten,
Und es flattert ängstlich das Seegevögel,
Wie Schattenleichen am Styx,
Die Charon abwies vom nächtlichen Kahn.
Armes, lustiges Schifflein,
Das dort dahintanzt den schlimmsten Tanz!
Äolus schickt ihm die flinksten Gesellen,
Die wild aufspielen zum fröhlichen Reigen;
Der eine pfeift, der andre bläst,
Der dritte streicht den dumpfen Brummbaß -
Und der schwankende Seemann steht am Steuer,
Und schaut beständig nach der Bussole,
Der zitternden Seele des Schiffes,
Und hebt die Hände flehend zum Himmel:
O rette mich, Kastor, reisiger Held,
Und du, Kämpfer der Faust, Polydeukes!

Resignative Seelenstimmung geht ein in das Gedicht „Der Schiff-brüchige".

Der Schiffbrüchige

Hoffnung und Liebe! Alles zertrümmert!
Und ich selber, gleich einer Leiche,
Die grollend ausgeworfen das Meer,
Lieg ich am Strande,
Am öden, kahlen Strande.
Vor mir woget die Wasserwüste,
Hinter mir liegt nur Kummer und Elend,
Und über mich hin ziehen die Wolken,
Die formlos grauen Töchter der Luft,
Die aus dem Meer, in Nebeleimern,
Das Wasser schöpfen,

Und es mühsam schleppen und schleppen,
Und es wieder verschütten ins Meer,
Ein trübes, langweiges Geschäft,
Und nutzlos, wie mein eignes Leben.
Die Wogen murmeln, die Möwen schrillen,
Alte Erinnrungen wehen mich an,
Vergessene Träume, erloschene Bilder,
Qualvoll süße, tauchen hervor!
Es lebt ein Weib im Norden,
Ein schönes Weib, königlich schön.
Die schlanke Zypressengestalt
Umschließt ein lüstern weißes Gewand;
Die dunkle Lockenfülle,
Wie eine selige Nacht,
Von dem flechtengekrönten Haupt sich ergießend,
Ringelt sich träumerisch süß
Um das süße, blasse Antlitz;
Und aus dem süßen, blassen Antlitz,
Groß und gewaltig, strahlt ein Auge,
Wie eine schwarze Sonne.
O, du schwarze Sonne, wie oft,
Entzückend oft, trank ich aus dir
Die wilden Begeistrungsflammen,
Und stand und taumelte, feuerberauscht -
Dann schwebte ein taubenmildes Lächeln
Um die hochgeschürzten, stolzen Lippen,
Und die hochgeschürzten, stolzen Lippen
Hauchten Worte, süß wie Mondlicht,
Und zart wie der Duft der Rose -
Und meine Seele erhob sich
Und flog, wie ein Aar, hinauf in den Himmel!
Schweigt, ihr Wogen und Möwen!
Vorüber ist Alles, Glück und Hoffnung,
Hoffnung und Liebe! Ich liege am Boden,
Ein öder, schiffbrüchiger Mann,
Und drücke mein glühendes Antlitz
In den feuchten Sand.

Für Heine ist das Meer der Spiegel seiner Seele. Dem schmerzvollen Gedenken an die verlorene Liebe stehen „liebe Erinnerungen" entgegen, die ihm auf Kreuzfahrten vor der Insel kommen. In der Phantasie des Dichters verweben sie sich mit den Sagen und Märchen, die er von Seeleuten erfahren hat:

„Ich gehe hier oft am Strande spazieren und gedenke solcher seemännischen Wundersagen. Die anziehendste derselben ist wohl die Geschichte vom Fliegenden Holländer, den man im Sturm mit aufgespannten Segeln vorbeifahren sieht und der zuweilen ein Boot aussetzt, um den begegnenden Schiffern allerlei Briefe mitzugeben, die man nachher nicht zu besorgen weiß, da sie an längst verstorbene Personen adressiert sind.

Manchmal gedenke ich auch des alten, lieben Märchens von dem Fischerknaben, der am Strande den nächtlichen Reigen der Meernixen belauscht hatte und nachher mit seiner Geige die ganze Welt durchzog und alle Menschen zauberhaft entzückte, wenn er ihnen die Melodie des Nixenwalzers vorspielte. Diese Sage erzählte mir einst ein lieber Freund, als wir, im Konzerte zu Berlin, solch einen wundermächtigen Knaben, den Felix Mendelssohn-Bartholdy, spielen hörten.

Einen eigentümlichen Reiz gewährt das Kreuzen um die Insel. Das Wetter muß aber schön sein, die Wolken müssen sich ungewöhnlich gestalten, und man muß rücklings auf dem Verdecke liegen und in den Himmel sehen und allenfalls auch ein Stückchen Himmel im Herzen haben. Die Wellen murmeln alsdann allerlei wunderliches Zeug, allerlei Worte, woran liebe Erinnerungen flattern, allerlei Namen, die wie süße Ahnung in der Seele widerklingen - ›Evelina!‹

Dann kommen auch Schiffe vorbeigefahren, und man grüßt, als ob man sich alle Tage wiedersehen könnte.

Nur des Nachts hat das Begegnen fremder Schiffe auf dem Meere etwas Unheimliches; man will sich dann einbilden, die besten Freunde, die wir seit Jahren nicht gesehen, führen schweigend vorbei und man verlöre sie auf immer.

Ich liebe das Meer wie meine Seele. Oft wird mir sogar zumute, als sei das Meer eigentlich meine Seele selbst; und wie es im Meere verborgene Wasserpflanzen gibt, die nur im Augenblick des Aufblühens an dessen Oberfläche heraufschwimmen und im Augenblick des Verblühens wieder hinabtauchen, so kommen zuweilen auch wunderbare Blumenbilder heraufgeschwommen aus der Tiefe meiner Seele und duften und leuchten und verschwinden wieder - ›Evelina!‹ [...]"

Die Norderneyer werden Heine sicherlich von der großen Sturmflut im Februar 1825 erzählt haben, die zu den Jahrhundertfluten gehört. Die Deiche brachen, weite Teile Ostfrieslands standen unter Wasser. Die Reste der zwischen Norderney und Juist gelegenen ehemaligen Insel Buise verschwanden endgültig, die Insel Juist blieb einige Jahre lang in zwei Teile getrennt.

Schiffbruch, Gemälde von R. Hermanns

So kann sich in Heines Phantasie die Sage vom Untergang Vinetas aus dem Ostseeraum an die Nordseeküste verlagern. In den „Reisebildern" geht er augenzwinkernd auf die Diskussion der Altertumswissenschaft um die untergegangene Insel ein. Schon 1819 habe er sich auf der Universität Bonn mit dem Kult der Göttin Hertha beschäftigt:

„[...] damals möchte wohl die Sage von der alten Hertha mich mehr interessiert haben, als jetzt. Ich ließ sie durchaus nicht auf Rügen residieren, und versetzte sie vielmehr nach einer ostfriesischen Insel. Ein junger Gelehrter hat gern seine Privathypothese. Aber auf keinen Fall hätte ich damals geglaubt, daß ich einst am Strande der Nordsee wandeln würde, ohne an die alte Göttin mit patriotischer Begeisterung zu denken. ..." Eine Bootsfahrt auf der spiegelglatten Nordsee veranlaßt ihn zu den träumerisch visionären Versen:

Seegespenst

Ich aber lag am Rande des Schiffes,
Und schaute, träumenden Auges,
Hinab in das spiegelklare Wasser,
Und schaute tiefer und tiefer -
Bis tief, im Meeresgrunde,
Anfangs wie dämmernde Nebel,
Jedoch allmählig farbenbestimmter,
Kirchenkuppel und Türme sich zeigten,
Und endlich, sonnenklar, eine ganze Stadt,

Segelschiffe vor Norderney, Radierung von Poppe Folkerts

Altertümlich niederländisch,
Und menschenbelebt.
Bedächtige Männer, schwarzbemäntelt,
Mit weißen Halskrausen und Ehrenketten
Und langen Degen und langen Gesichtern,
Schreiten, über den wimmelnden Marktplatz,
Nach dem treppenhohen Rathaus,

Wo steinerne Kaiserbilder
Wacht halten mit Zepter und Schwert.
Unferne, vor langen Häuserreihn,
Wo spiegelblanke Fenster
Und pyramidisch beschnittene Linden,
Wandeln seidenrauschende Jungfern,
Schlanke Leibchen, die Blumengesichter
Sittsam umschlossen von schwarzen Mützchen
Und hervorquellendem Goldhaar.
Bunte Gesellen, in spanischer Tracht,
Stolzieren vorüber und nicken.
Bejahrte Frauen,
In braunen, verschollnen Gewändern,
Gesangbuch und Rosenkranz in der Hand,
Eilen, trippelnden Schritts,
Nach dem großen Dome,
Getrieben von Glockengeläute
Und rauschendem Orgelton.
Mich selbst ergreift des fernen Klangs
Geheimnisvoller Schauer!
Unendliches Sehnen, tiefe Wehmut
Beschleicht mein Herz,
Mein kaum geheiltes Herz; -
Mir ist, als würden seine Wunden
Von lieben Lippen aufgeküßt,
Und täten wieder bluten -
Heiße, rote Tropfen,
Die lang und langsam niederfalln
Auf ein altes Haus, dort unten
In der tiefen Meerstadt,
Auf ein altes, hochgegiebeltes Haus,
Wo melancholisch einsam
Unten am Fenster ein Mädchen sitzt,
Den Kopf auf den Arm gelehnt,
Wie ein armes, vergessenes Kind -
Und ich kenne dich armes, vergessenes Kind!
So tief, meertief also

Verstecktest du dich vor mir,
Aus kindischer Laune,
Und konntest nicht mehr herauf,
Und saßest fremd unter fremden Leuten,
Jahrhundertelang,
Derweilen ich, die Seele voll Gram,
Auf der ganzen Erde dich suchte,
Und immer dich suchte,
Du lmmergeliebte,
Du Längstverlorene,
Du Endlichgefundene -
Ich hab dich gefunden und schaue wieder
Dein süßes Gesicht,
Die klugen, treuen Augen,
Das liebe Lächeln -
Und nimmer will ich dich wieder verlassen,
Und ich komme hinab zu dir,
Und mit ausgebreiteten Armen
Stürz ich hinab an dein Herz -
Aber zur rechten Zeit noch
Ergriff mich beim Fuß der Kapitän,
Und zog mich vom Schiffsrand,
Und rief, ärgerlich lachend:
Doktor, sind Sie des Teufels?

In den Schlußzeilen dieses Gedichts ist in musterhafter Form der berühmte heinesche Ton zu spüren, der durch das Umschlagen von romantischer Stimmung in nüchterne Wirklichkeit entsteht. Die Leser reagieren darauf unterschiedlich. Begeistert die einen, schockiert, abgestoßen die anderen. „Herr Heine aber ist der erste, in dessen Liederdichtungen jene weltverhöhnende Stimmung eines zerrissenen Gemütes Grundton geworden ist, und zwar so, daß sein Humor nicht etwa auf eine geheime Versöhnung hindeutet, sondern den Kontrast zwischen Poesie und Leben fast immer ohne Milderung recht grell und mit kalter Bitterkeit zur Anschauung bringt und sich in ›vergifteten‹ Liedern gefällt." So lautet das Urteil des Dichters Gustav Schwab. Für den im 19. Jahrhundert sehr bekannten Germanisten Friedrich Theodor

Flaute

Vischer ist Heine „die giftig gewordene Romantik, der faulige Gärungs-prozeß, der ihre Auflösung [...] darstellt".

Und auch Theodor Fontane (1819-1898) sieht in Heinrich Heine nicht ein uneingeschränkt bewundertes Vorbild, wie eine Tagebuchnotiz erkennen läßt: „[...] ›Heine's Reisebilder‹ gelesen; manches sehr schön, hochpoetisch und politische Urtheile mitunter tief und zutreffend wie durch Inspiration, das Ganze aber doch unerquicklich. Es fehlt das hohe, noble Fühlen, ohne das kein wahrer Dichter existirt." (Tagebuch vom 26. Februar 1857) Aus dem Jahr 1894 ist eine ähnliche Ein-schätzung überliefert. Dem Urteil von Minghetti über Heinrich Heine, der „so antipathisch wie nur möglich" gewesen sei, schloß er sich an: „Gewiss auch richtig". Fontane hatte zu Heine bei aller Bewunderung seiner Lyrik ein distanziertes Verhältnis. Auch in „Effi Briest" fällt durch den Verführer Effis, den Major Crampas, der ein Heine-Schwärmer ist und mit dem Gedicht „Seegespenst" in Effi eine Stimmung romantischer Verliebtheit hervorrufen will, ein gewisses Zwielicht auf Heine.

Heines Ironie kommt in den Nordsee-Gedichten immer wieder zum Vorschein, was die Leser Heines im 19. Jahrhundert oft stört. So zum Beispiel in dem Gedicht „Meeresstille":

Meeresstille

Meeresstille! Ihre Strahlen,
Wirft die Sonne auf das Wasser,
Und im wogenden Geschmeide
Zieht das Schiff die grünen Furchen.
Bei dem Steuer liegt der Bootsmann
Auf dem Bauch, und schnarchet leise.
Bei dem Mastbaum, segelflickend,
Kauert der beteerte Schiffsjung.
Hinterm Schmutze seiner Wangen
Sprüht es rot, wehmütig zuckt es
Um das breite Maul, und schmerzlich
Schaun die großen, schönen Augen.
Denn der Kapitän steht vor ihm,
Tobt und flucht und schilt ihn: Spitzbub.
„Spitzbub! einen Hering hast du

Aus der Tonne mir gestohlen!"
Meeresstille! Aus den Wellen
Taucht hervor ein kluges Fischlein,
Wärmt das Köpfchen in der Sonne,
Plätschert lustig mit dem Schwänzchen.
Doch die Möwe, aus den Lüften,
Schießt herunter auf das Fischlein,
Und den raschen Raub im Schnabel
Schwingt sie sich hinauf ins Blaue.

Ähnlich respektlos verfährt Heine mit den Göttern der Antike, die
er im Gegensatz zu den Klassikern Goethe und Schiller weniger ernst
nimmt. Die Lektüre Homers, den er auf Norderney am Strand wandelnd
liest, wirkt nach. Heine stellt die antiken Götterfiguren jedoch nicht
erhaben dar, sondern alltäglich. Wenn ein mutmaßlicher Götterjüngling
in eine Fischerhütte eintritt, so läßt er sich folgendermaßen zu der
schönen Fischerstochter vernehmen:

Siehst du, mein Kind, ich halte Wort,
Und ich komme, und mit mir kommt
Die alte Zeit, wo die Götter des Himmels
Niederstiegen zu Töchtern der Menschen,
Und die Töchter der Menschen umarmten
Und mit ihnen zeugten
Zeptertragende Königsgeschlechter
Und Helden, Wunder der Welt.
Doch staune, mein Kind, nicht länger
Ob meiner Göttlichkeit,
Und, ich bitte dich, koche mir Tee mit Rum,
Denn draußen war's kalt,
Und bei solcher Nachtluft
Frieren auch wir, wir ewigen Götter,
Und kriegen wir leicht den göttlichsten Schnupfen
Und einen unsterblichen Husten.

Vielfach ist Heine dafür kritisiert worden, daß er die antiken Götter
aus der ihnen angestammten Heimat des Mittelmeeres an die rauhe
Nordsee versetzt hat. Dem ist entgegenzuhalten, daß z. B. in Goethes

„Faust" auch eine Vermischung griechischer Mythologie mit nördlicher Sage stattgefunden hat. Faust und Helena gehören mythologisch nicht zusammen, werden aber schon im Volksbuch vom Doktor Faust in Zusammenhang gebracht. Goethe erweitert dann sein mythologisches Repertoire beträchtlich, so daß Faust und Mephisto sich in einer griechischen Welt tummeln können. Bei Heine ist der Anklang an die Antike eher in ironischer Brechung zu sehen. Er projiziert die alten Götter in die moderne Welt, in der sie quasi als Theaterfiguren agieren. Der Leser weiß jederzeit, daß Heine ihn nicht wirklich in die antike Mythologie-Landschaft hineinnehmen will. Heines Studienfreund Wedekind hat diesen Aspekt gut nachempfunden, als er sich in einem Artikel über die Nordseegedichte Heines folgendermaßen äußert:

„In ganz andrer Gestalt tritt seine Subjectivität in den Nordsee-bildern auf. Hier sind es in der That nordische Barbaren, die sich aus dem classischen Alterthum ein Wamms und eine Mütze schneiden, in denen sie sich mitunter drollig genug ausnehmen, die ihnen aber am Ende doch gar nicht übel stehn. Man kann aus diesen Gedichten schon sehen, wie keck wahre Originalität seyn darf. Und doch hat diese anscheinend leichte Form dem Dichter viel gekostet, ehe er sie traf; Heine hat mir selbst gesagt, daß er über die Form, in welcher er den Gegenstand dieser Gedichte habe darstellen wollen, lange nicht mit sich habe einig werden können." (Houben/Werner Nr. 118; ca. 1839)

Es sind nur wenige gesellschaftskritische Äußerungen in Heines Gedichten aus dem Zyklus „Nordsee" zu finden. Die heftige Kritik an den die christliche Erfolgsleiter emporkletternden Karrieristen hat Heine aus der zweiten Auflage seiner „Reisebilder" wieder entfernt. Gelegentlich wird einmal das borniette Deutschland verspottet wie im Gedicht „Seekrankheit". Der Dichter findet sich auf schwankenden Planken im Sturm: „Dieses Schwanken und Schweben und Schaukeln ist unerträglich" ruft er aus. Und so kleinkariert die Zustände in Deutschland auch sein mögen:

Immerhin, mag Torheit und Unrecht
Dich ganz bedecken, o Deutschland!
Ich sehne mich dennoch nach dir:
Denn wenigstens bist du doch festes Land.

Die Prosa der
Reisebilder „Nordsee"

„....Auch soll der 2te Band eine Reihe Nordseereisebriefe enthalten,
worinn ich ›von allen Dingen und von noch einigen‹ spreche."

Heine hat einmal davor gewarnt, die Werke eines Dichters nur aus den
äußeren Umständen seiner biographischen Situation zu erklären:

„Aber ein Bruchstück der Erscheinungswelt muß dem Dichter
immer von außen geboten werden, ehe jener wunderbare Prozeß der
Weltergänzung in ihm statt finden kann; dieses Wahrnehmen eines
Stücks der Erscheinungswelt geschieht durch die Sinne, und ist
gleichsam das äußere Ereignis, wovon die innere Offenbarungen
bedingt sind, denen wir die Kunstwerke des Dichters verdanken. Je
größer diese letztern, desto neugieriger sind wir jene äußeren
Ereignisse zu kennen, welche dazu die erste Veranlassung gaben. Wir
forschen gern nach Notizen über die wirklichen Lebensbeziehungen
des Dichters. Diese Neugier ist um so törigter, da, wie aus Oben-
gesagtem schon hervorgeht, die Größe der äußeren Ereignisse in
keinem Verhältnis steht zu der Größe der Schöpfungen, die dadurch
hervorgerufen wurden." (Shakespeares Mädchen und Frauen, Werke,
Bd. IV, S. 181)

Das bedeutet im Zusammenhang mit den Reisebildern, daß
Norderney für Heine ein „Stück Erscheinungswelt" ist, das zu einer
„inneren Offenbarung" für den Dichter geworden ist:

„Gar besonders wunderbar wird mir zu Mute, wenn ich allein in der
Dämmerung am Strande wandle, - hinter mir flache Dünen, vor mir das
wogende, unermeßliche Meer, über mir der Himmel wie eine riesige
Kristallkuppel - ich erscheine mir dann selbst sehr ameisenklein, und
dennoch dehnt sich meine Seele so weltenweit. Die hohe Einfachheit
der Natur, wie sie mich hier umgibt, zähmt und erhebt mich zu gleicher
Zeit, und zwar in starkerem Grade als jemals eine andere erhabene
Umgebung. Nie war mir ein Dom groß genug; meine Seele mit ihrem
alten Titanengebet strebte immer höher als die gotischen Pfeiler, und
wollte immer hinausbrechen durch das Dach. Auf der Spitze der

Roßtrappe haben mir, beim ersten Anblick, die kolossalen Felsen in ihren kühnen Gruppierungen, ziemlich imponiert; aber dieser Eindruck dauerte nicht lange, meine Seele war nur überrascht, nicht überwältigt, und jene ungeheure Steinmassen wurden in meinen Augen allmählig kleiner, und am Ende erschienen sie mir nur wie geringe Trümmer eines zerschlagenen Riesenpalastes, worin sich meine Seele vielleicht komfortabel befunden hätte."

Solchen poetischen Schilderungen einer Landschaft stehen in den Briefen Heines nur stichwortartige Notizen gegenüber, wie im Brief an Varnhagen vom 24. Oktober 1826 aus Lüneburg: „Ich machte eine schöne Seereise mit Sturm, Noth, Sonnenaufgänge, Seekrankheit und allem Zubehör. Auch gar schöne Nächte genoß ich am Strand."

Deutlicher ist der Bezug zur Wirklichkeit bei den zeitkritischen Passagen der „Reisebilder". Auf Norderney beobachtet Heine sehr aufmerksam das Leben der Insulaner und ihrer Badegäste. Was er sieht und hört, veranlaßt ihn zu grundsätzlichen Betrachtungen über seine Zeit. Mögen die einleitenden Zeilen über die Norderneyer Fischer in „Die Nordsee. Dritte Abteilung" mit den Bemerkungen über ihr Heimweh nach ihrer Insel, den dünnen Tee, den sie trinken, ihre Sprache, die dem Fremden unverständlich ist, auch voller ironischer Spitzen sein - Heine will sich nicht über die Insulaner lustig machen, so pointiert sarkastisch auch einige Formulierungen wirken. Die Norderneyer sind vielmehr das Musterbild einer intakten, einfachen Gesellschaft mit einer natürlichen Lebensweise, die in ganzheitlichen Lebensbezügen Jahrhunderte lang existierte, bevor die neue Zeit diese heile Welt zerstört. Heine erlebt 1825 und 1826 einen dramatischen Veränderungsprozeß, der von ihm als Zeitenwende empfunden wird. Die Insulaner sind für Heine das Symbol einer vergangenen Welt, wie sie im Mittelalter unter der alles bestimmenden Macht der Kirche in geregelten und insofern glücklichen Verhältnissen lebte. Die moderne Zeit hat diese Bevormundung zwar überwunden, und der moderne Mensch muß weiter nach der Freiheit des Geistes streben; er fühlt dabei aber einen Zustand der Zerrissenheit, der Fremdheit, der Entfremdung von dem einst ganzheitlichen Leben. Heine beneidet die Insulaner um ihren schlichten, wenn auch eingeschränkten Lebenszustand.

Heine ist sich bewußt, daß er mit seinen Beobachtungen auf Widerspruch stoßen wird, da er mit seinen auf Norderney konzipierten neuen Reisebildern die biedermeierliche Ruhe seiner Zeitgenossen stört. An Moses Moser schreibt er am 14. Oktober 1826 aus Lüneburg: „[...] Januar werde ich wohl wieder, auf eine kurze Zeit, in Hamburg seyn, und dort soll Ostern der zweyte Theil der Reisebilder gedruckt werden. Dieser Theil soll ein außerordentliches Buch werden und großen Lerm machen. Ich muß etwas gewaltiges geben. [...]" Heine will durchaus Aufsehen erregen, will provozieren, zum Angriff übergehen. Das Buch soll eine lockere Folge von Gedanken enthalten, bei der sich der Autor

Segelboot vor Norderney

an keinen strengen formalen Aufbau halten will. Die Einfälle sollen fließen, die Beobachtungsgabe durch nichts gehindert werden. Vor allem keine trockene Abhandlung soll es werden. Varnhagen teilt er mit, daß er eine besondere Technik in seinen neuen Reisebildern anwenden will. Einzelne Gedanken und Assoziationen, kleine Ideenfolgen sollen sich in bunter Folge aneinanderreihen. Dabei legt Heine keinen Wert auf Originalität. Er fordert Varnhagen auf, ihm gegebenenfalls eigene literarische Stücke zur Veröffentlichung zuzuschicken: „[...] schreiben Sie selber in meinem Styl die Lappen die ich in meinem Buche, einflicken soll und Sie können sich auf meine heiligste Discretion verlassen. Ich darf jetzt Alles sagen, und es kümmert mich wenig ob ich mir ein Dutzend Feinde mehr oder weniger aufsacke. Wollen Sie in meinen Reisebildern ganze Stücke, die zeitgemäß sind, hineingeben, oder wollen Sie mir bloß die Proskripzionsliste schicken - ich stehe ganz zu Ihrem Befehl." Auch an den Freund Moser geht ein solches Angebot, in den „Reisebildern" eigenes zu veröffentlichen: „Auch soll der 2te Band eine Reihe Nordseereisebriefe enthalten, worinn ich ›von allen Dingen und von noch einigen‹ spreche. Willst Du mir nicht einige neue Ideen dazu schenken? Ich kann da alles brauchen. Fragmentarische Aussprüche über Zustand der Wissenschaften in Berlin oder Deutschland oder Europa - wer könnte die leichter hinskizziren als Du?" Moser läßt sich darauf nicht ein, dafür der Dichter Karl Immermann, der einige bissige Epigramme über den Lyriker Platen beisteuert, mit verhängnisvollen Folgen für Heine wie Platen. Dieser fühlt sich nicht von Immermann, sondern von dem Juden Heine angegriffen und eröffnet einen regelrechten Verleumdungsfeldzug gegen ihn. Heines Rache an dem Grafen wird fürchterlich sein. Als in seinem Judentum Beleidigter schlägt er zurück, indem er Platens Homosexualität der Lächerlichkeit preisgibt. Später wird es Heine bedauern, sich auf diesen Streit, der hier mit der Bitte um fremde Beiträge zu den „Nordseebriefen" seinen Anfang nimmt, eingelassen zu haben.

Von seinem Gönner Varnhagen von Ense wird Heines neues Werk wohlwollend rezensiert:

„[...] sodann folgt in Prosa eine Schilderung des Seebades Norderney, voll beißender, scherzhafter und zum Teil auch sehr ernster Laune, in welcher eine tiefe Gesinnung sich nicht verkennen läßt; vor allem anziehend und geistreich sind einige Blätter über Napoleon und seine Geschichtschreiber. Den Beschluß dieser Abteilung machen Xenien von Immermann und Heine; sie zu loben wäre hier unangemessen, sie werden ohnehin schon von selbst sich durchbeißen, denn scharfe Zähne haben sie, mit denen sie auch zuweilen den Unrechten fassen mögen!" (K. A. Varnhagen von Ense: „Reisebilder" von H. Heine. Zweiter Teil. Hamburg, bei Hoffmann und Campe, 1827. In: Schriften und Briefe. Reclam Nr. 2657, Stuttgart 1991, S. 190.)

Erregen schon die 1826 veröffentlichten Gedichte (in „Nordsee. 2. Abteilung", vor allem „Frieden") die Gemüter, so wirken die 1827 gedruckten Reisebilder „Die Nordsee. Dritte Abteilung" als Provokation des literarischen Publikums. Heine rechnet mit der verklemmten christlichen Moral ab, die in Goethe einen modernen Heiden sieht, gegen den man einen Kreuzzug der Tugend führen müsse. Dem stellt Heine die Forderung entgegen, daß man dem Menschen seine Genußfähigkeit zurückgeben solle. Er unterzieht auch seine politische Gegenwart einer scharfen Kritik. Napoleon wird gepriesen als der geniale Politiker, der einen großen Entwurf der Neuordnung versucht habe, daran allerdings gescheitert sei. Andererseits rühmt Heine Offiziere, die in den zurückliegenden Kriegszeiten im Kampf gegen Napoleon im Dienste Englands viel in der Welt herumgekommen sind und freiheitliche Ideen aufgenommen haben. In einem Brief an Christian Sethe heißt es über sie:

„Die hanövrischen Offizire hier haben mir nichts weniger als mißfallen. Sie haben nicht so viel Verstand wie die Preußen, aber sie sind honoriger, und unter der Uniform, die sie selten tragen, steckt ein Gentelman im feinsten Civilrock. Ich meine aber hier vorzüglich die Offizire die in der Legion gedient, und die von Spanien, Portugall, Irland, England, Sizilien, manche sogar von den jonischen Inseln und von Ostindien so viel hübsches und Wackeres zu erzählen wissen. Wie pauver klingt dagegen Jena, die Katzbach, Leipzig, Bellallianz, und gar Paris, die letzte Stazion unseres Ruhmes, wohin wir - Gott weiß wie! - gelangt sind. Still, still, ich will ja in Berlin lesen. - Bin selbst neugierig, was das seyn wird. - Grüße mir Deine Frau, die sehr für Dich zu passen scheint, und die nicht unterlassen wird, Dich glücklich zu machen. [...]" (An Christian Sethe, Norderney, 1. Sept. 1825)

Als Hort der Reaktion gilt Heine der das Königreich Hannover regierende „hannövrische Adel". Sein „Wahn von Wichtigkeit" wird angeprangert. „Windige Dienstseelen" seien in Hannover zu finden, schreibt Heine. Im Gegensatz zu ihnen stünden die freiheitlichen Friesen: das Volk sei durch das Bewußtsein der Freiheit geadelt - der ostfriesische Adel sei selbst nie vorherrschend, sprich unterdrückend, gewesen. „Der Einfluß des hannövrischen Adels [...] betrübt manches freie Friesenherz [...]" läßt sich Heine vernehmen.

Norderney, das kleine Fischerdorf, ist in der Sommersaison voll von „hannövrischen Adligen". Für sie sind Conversationshaus und Logierhaus errichtet worden. Das Nebeneinander von vornehmer Adelsgesellschaft und armen Insulanern führt zu Spannungen, die

Heine aufmerksam registriert. Besonders hart müssen die Frauen arbeiten: Angelwürmer ausgraben, die Köderhaken mit den Angelschnüren für den Fischfang vorbereiten und zu den Fischerbooten am Strand bringen.

Eine Welt trennt sie von den das Leben im vornehmen Kurhaus genießenden Adligen:

„Auf einem gewissen Standpunkte ist alles gleich groß und gleich klein, und an die großen europäischen Zeitverwandlungen werde ich erinnert, indem ich den kleinen Zustand unserer armen Insulaner betrachte. Auch diese stehen an der Grenze einer solchen neuen Zeit, und ihre alte Sinneseinheit und Einfalt wird gestört durch das Gedeihen des hiesigen Seebades, indem sie dessen Gästen täglich etwas Neues ablauschen, was sie nicht mit ihrer altherkömmlichen Lebensweise zu vereinen wissen. Stehen sie des Abends vor den erleuchteten Fenstern

Kurhaus auf Norderney

des Konversationshauses und betrachten dort die Verhandlungen der Herren und Damen, die verständlichen Blicke, die begehrlichen Grimassen, das lüsterne Tanzen, das vergnügte Schmausen, das habsüchtige Spielen usw., so bleibt das für diese Menschen nicht ohne schlimme Folgen, die von dem Geldgewinn, der ihnen durch die Badeanstalt zufließt, nimmermehr aufgewogen werden. Dieses Geld reicht nicht hin für die eindringenden neuen Bedürfnisse; daher innere Lebensstörung, schlimmer Anreiz, großer Schmerz. Als ich ein Knabe war, fühlte ich immer eine brennende Sehnsucht, wenn schön gebackene Torten, wovon ich nichts bekommen sollte, duftigoffen bei mir vorübergetragen wurden; späterhin stachelte mich dasselbe Gefühl, wenn ich modisch entblößte, schöne Damen vorbeispazieren sah; und ich denke jetzt, die armen Insulaner, die noch in einem Kindheitszustande leben, haben hier oft Gelegenheit zu ähnlichen Empfindungen, und es wäre gut, wenn die Eigentümer der schönen Torten und Frauen solche etwas mehr verdeckten. Diese vielen unbedeckten Delikatessen, woran jene Leute nur die Augen weiden können, müssen ihren Appetit sehr stark wecken, und wenn die armen Insulanerinnen in ihrer Schwangerschaft allerlei süßgebackene Gelüste bekommen und am Ende sogar Kinder zur Welt bringen, die den Badegästen ähnlich sehen, so ist das leicht zu erklären. Ich will hier durchaus auf kein unsittliches Verhältnis anspielen. Die Tugend der Insulanerinnen wird durch ihre Häßlichkeit und gar besonders durch ihren Fischgeruch, der mir wenigstens unerträglich war, vorderhand geschützt.

Auch hat man für die Badezeit eine Person vom festen Lande hierher verpflanzt, die alle Sünden der fremden Gäste in sich aufnehmen, und dadurch die Insulanerinnen vor allen schlimmen Einflüssen sichern soll. Allein, das ist eine schlechte Maßregel, die nicht für eine kleine Insel, sondern allenfalls für eine große Seestadt paßt, wo die öffentlichen Personen gleichsam die Bollwerke und Blitzableiter sind, wodurch die Moralität der Bürgerstöchter geschützt wird; wie man mir denn wirklich in Hamburg ein breites Weibsbild gezeigt hat, das solchermaßen den halben Wandrahm deckt, sowie auch eine lange, magere Blitzableiterin, wodurch die große Johannisstraße im Sommer gesichert wird.

Wie gesagt, die Tugend der Insulanerinnen ist vorderhand geschützt, und wenn ihre Kinder mit badegästlichen Gesichtern zur Welt kommen, so würde ich darin vielmehr ein psychologisches Phänomen erkennen und mir solches durch jene materialistisch-mystischen Gesetze erklären, die Goethe in den „Wahlverwandtschaften" so schön entwickelt. [...]

Ich habe, indem ich das Sittenverderbnis andeutete, womit die

Insulaner hier bedroht sind, ihre geistliche Schutzwehr, Pastor und Kirche, unerwähnt gelassen. Ersterer ist ein starker Mann mit einem großen Kopfe, scheint weder den Rationalismus noch den Mysticismus erfunden zu haben, und sein größtes Verdienst ist, daß bei ihm eine der schönsten Frauen dieser Welt logiert hat.

Wie seine Kirche aussieht, kann ich nicht genau berichten, da ich noch nicht darin gewesen. Gott weiß, daß ich ein guter Christ bin und oft sogar im Begriff stehe, sein Haus zu besuchen, aber ich werde immer fatalerweise daran verhindert, es findet sich gewöhnlich ein Schwätzer, der mich auf dem Wege festhält, und gelange ich auch einmal bis an die Pforten des Tempels, so erfaßt mich unversehens eine spaßhafte Stimmung, und dann halte ich es für sündhaft, hineinzutreten. Vorigen Sonntag begegnete mir etwas der Art, indem mir vor der Kirchtür die Stelle aus Goethes „Faust" in den Kopf kam, wo dieser mit dem Mephistopheles bei einem Kreuze vorübergeht und ihn fragt:

„Mephisto, hast du Eil'?
Was schlägst vorm Kreuz die Augen nieder?"

und worauf Mephistopheles antwortet:

„Ich weiß es wohl, es ist ein Vorurteil;
Allein es ist mir mal zuwider."

Diese Verse sind, soviel ich weiß, in keiner Ausgabe des „Fausts" gedruckt, und bloß der selige Hofrat Moritz, der sie aus Goethes Manuskript kannte, teilt sie mit in seinem „Philipp Reiser", einem schon verschollenen Romane, der die Geschichte des Verfassers enthält oder vielmehr die Geschichte einiger hundert Taler, die der Verfasser nicht hatte und wodurch sein ganzes Leben eine Reihe von Entbehrungen und Entsagungen wurde, während doch seine Wünsche nichts weniger als unbescheiden waren, wie z.B. sein Wunsch, nach Weimar zu gehen und bei dem Dichter des „Werthers" Bedienter zu werden, unter welchen Bedingungen es auch sei, um nur in der Nähe desjenigen zu leben, der von allen Menschen auf Erden den stärksten Eindruck auf sein Gemüt gemacht hatte.

Wunderbar! damals schon erregte Goethe eine solche Begeisterung, und doch ist erst „unser drittes nachwachsendes Geschlecht" imstande, seine wahre Größe zu begreifen. [...]" (Heine: Reisebilder. Zweiter Teil)

Bis heute wirken diese witzigen, teilweise boshaften Zeilen über

Norderney auf der Insel nach. Heine tilgt nach Einspruch von Freunden die Stelle mit dem „Blitzableiter" in der nächsten Auflage, der Fischgeruch und die Häßlichkeit der Norderneyerinnen bleiben im Text unverändert. Damit sorgt Heine für eine Verärgerung, die über Norderney hinaus seinem Ansehen abträglich werden wird. Daß der Spott über den braven Inselgeistlichen Detmers auf Norderney besonders übel vermerkt wurde, versteht sich. So hat der Chronist der Insel, Pastor Reins, nur Worte der Verachtung für den frivolen Dichter übrig. Er möchte Heine nicht in der „Gesellschaft von ehrbaren Leuten" nennen: „Zudem können wir uns über seine Witze auch nicht recht freuen. Sie nehmen leider die Unwahrheit zu Hülfe, um pikant zu sein und das ist eine Würze, an der wir nun einmal keinen Geschmack finden." (C. G. Reins, Die Insel Nordernei nach ihrem früheren und ihrem gegenwärtigen Zustande. Hannover 1853. S. 134)

Norderneyer Inselkirche

Nicht nur mit der Kirche legt sich Heine an. Auch die Goethe-Verehrer werden durch die respektlosen Anspielungen auf Goethes „Wahlverwandtschaften" verprellt. Der Scherz über die Kinder „mit badegästlichen Gesichtern" trivialisiert Goethes Roman insofern, als in diesem ein Ehebruch dargestellt wird, der sich lediglich in Gedanken abspielt. Das von Charlotte geborene Kind hat Ähnlichkeit mit dem von ihr geliebten Hauptmann und Ottilie, der Geliebten ihres Gatten Eduard. Den Norderneyerinnen durch Anspielung auf ein den

„Wahlverwandtschaften" Goethes ähnliches „psychologisches Phänomen" nun reale Beziehungen zu den Badegästen mit der Folge von illegitimen Sprößlingen zu unterstellen, verspottet Goethe, die adligen Kurgäste und die Insulanerinnen gleichermaßen.

Heine attackiert danach wieder den ihm seit seiner Göttinger Studentenzeit verhaßten dünkelhaften „hannövrischen Adel" auf das heftigste, wobei Goethe als Bezugspunkt herhalten muß:

„Der hannövrische Adel ist mit Goethe sehr unzufrieden und behauptet, er verbreite Irreligiosität, und diese könne leicht auch falsche politische Ansichten hervorbringen, und das Volk müsse doch durch den alten Glauben zur alten Bescheidenheit und Mäßigung zurückgeführt werden. Auch hörte ich in der letzten Zeit viel diskutieren, ob Goethe größer sei als Schiller oder umgekehrt. Ich stand neulich hinter dem Stuhle einer Dame, der man schon von hinten ihre vierundsechzig Ahnen ansehen konnte, und hörte über jenes Thema einen eifrigen Diskurs zwischen ihr und zwei hannövrischen Nobilis, deren Ahnen schon auf dem Zodiakus von Dendera abgebildet sind und wovon der eine, ein langmagerer, quecksilbergefüllter Jüngling, der wie ein Barometer aussah, die Schillersche Tugend und Reinheit pries, während der andere, ebenfalls ein langaufgeschossener Jüngling, einige Verse aus der ›Würde der Frauen‹ hinlispelte und dabei so süß lächelte wie ein Esel, der den Kopf in ein Sirupfaß gesteckt hatte und sich wohlgefällig die Schnauze ableckt. Beide Jünglinge verstärkten ihre Behauptungen beständig mit dem beteuernden Refrain: ›Er ist doch größer, er ist wirklich größer, wahrhaftig, er ist größer, ich versichere Sie auf Ehre, er ist größer.‹ Die Dame war so gütig, auch mich in dieses ästhetische Gespräch zu ziehen, und fragte:

›Doktor, was halten Sie von Goethe?‹ Ich aber legte meine Arme kreuzweis auf die Brust, beugte gläubig das Haupt und sprach: ›La illah ill allah, wamohammed rasul allah!‹"

(Heine: Reisebilder. Zweiter Teil)

Den einen der jungen adligen Herren als „quecksilbergefüllt" zu qualifizieren, ist eine grobe Indiskretion, denn mit Quecksilber behandelte man die Syphilis. Heine läßt ihn ironischerweise Schillers Tugend und Reinheit und die „Würde der Frauen" preisen. Das Zitat des muslimischen Glaubensbekenntnisses hört sich als Anwort auf die

Frage nach der Bedeutung Goethes, dessen christliche Überzeugung durchaus in Frage steht, im Munde eines gerade zum Christentum übergetretenen Juden wie Hohn an. Heine erntet folglich im Kreise der adligen Leserschaft nur Empörung. Man nimmt die angebliche Beleidigung der Norderneyerinnen zum Vorwand, die biederen Fischersleute gegen den Dichter aufzuwiegeln, als er von London kommend im August 1827 die Insel Norderney besucht.

Heines Flucht nach Wangerooge

„...daß ich nur mit genauer Not noch die Küste erreichen konnte."

Heine hatte im Frühjahr 1827 aus Sorge vor Anfeindungen im Zusammenhang mit der Veröffentlichung seiner neuen „Reisebilder" Hamburg mit dem Schiff verlassen und sich in die große Weltstadt London begeben. Wieder finanziert sein Onkel Salomon die Reise, den größten Teil der Ausgaben jedoch unfreiwillig. Er hat dem Neffen einen Kreditbrief auf über 200 englische Pfund mitgegeben, nur im Notfall einzulösen, in der Hauptsache aber als eine Art finanzielle Visitenkarte. Heine macht den Kreditbrief bei der Bank Rothschild sofort zu Geld, lebt im teuren London weit über seine Verhältnisse und zahlt mit dem Rest die Schulden bei deutschen Freunden zurück. Den zu erwartenden Krach mit dem Onkel kalkuliert er mit ein. So hat er für die Badekur in Norderney, das er um den 20. August nach Zwischenaufenthalten in Rotterdam, Leyden und Amsterdam erreicht, genügend Geld. Daß er auf der Insel nicht das beste Ansehen genießt, ist ihm klar, auch daß von den Adligen aus der Residenz Hannover, die wieder auf der Insel weilen, nichts Gutes zu erwarten ist. Zunächst läßt man ihn in Ruhe, und der Dichter berichtet mit Erleichterung und einem gewissen Stolz über seine eigene Kühnheit, in die Höhle des Löwen gekommen zu sein, dem Freund Friedrich Merckel in Hamburg:

„Nordeney, Nordeney, Nordeney d 20 Aug. 1827. Montag

Lieber Merkelius! Wie Du siehst, bin ich wieder in Nordeney. Ich hörte daß man hier sehr ungehalten gegen mich sey, mich todtschlagen wolle u. s. w. - und ich hatte nichts eiligeres zu thun als hierher zu kommen. „Nun, dazu gehörte Muth" - riefen mir einige alte Bekannte entgegen als sie mich ankommen sahen. Indessen, ich glaube ich bedarf hier keines Muthes; nur das K o m m e n s e l b s t, die Verachtung aller etwa zu befürchtenden Anfechtungen, dazu gehörte Muth. Ich habe diesesmahl ein Recht zum Pralen. [...]"

Bald merkt Heine aber, daß sich etwas gegen ihn zusammenbraut. Nicht die adligen Herren selbst sind es, die ihn bedrohen, sondern die Fischersleute, die den Beleidiger ihrer Frauen verprügeln wollen. Heine nimmt die Drohungen zunächst nicht ernst, muß sich dann aber der

Einsicht beugen, daß er auf der Insel nicht sicher ist. Heimlich mietet er sich ein Segelboot und gelangt nach Wangerooge, wo er seine Badekur fortzusetzen gedenkt.

Heine berichtet seinem Freund Rudolf Christiani in Lüneburg von seiner Zufluchtsstätte Wangerooge aus (7./8. September 1827):

„Göthe ist ein großer Dichter - Was mich betrifft so lebe ich in diesem Augenblick ganz allein auf der Insel Wangeroge, und bade. 14 Tage habe ich auf Norderney zugebracht, aus Uebermuth ging ich hin, lebte recht behaglich unter meinen Feinden - hannövrisches Gesindel ist zu lumpig sich mir persönlich entgegen zu stellen und vermag nur einen unwissenden Pöbel aufzuhetzen. Ein Freund, Professor Dirxen, warnte mich ernstlich abzureisen. Der Assessor Strühker, der sonst in Lüneburg war und den ich in Nordeney kennen und lieben lernte, warnte mich ebenfalls sehr dringend, und nur solch dringendes Anmahnen, verbunden

Wangerooge um 1820

mit meiner eignen Furchtsamkeit, bewegte mich mich fortzubewegen. - Spaß bey Seite, es ist kein Spaß auf wüster Insel von einem vernunftlosen, erbitterten Barbarengesindel umgeben zu seyn. Man hat den Weibern dort gesagt ich hätte sie als gar zu häßlich geschildert, diese waren mit einigem Rechte aufgebracht - und das Schicksal des Orpheus stand zu befürchten. Meine Harfe, d. h. mein Koffer mit meinen Manuskripten, wäre nach Hamburg geschwommen. Ich denke in 8 Tagen Trazien zu verlassen und nach Hamburg zu segeln. England ist ein hübsches Land, und wenn wir mahl wieder zusammen kommen will ich Dir davon erzählen, bis dahin liebe mich, und laß Dir nie weiß machen daß ich den hanöverschen Adel sonderlich scheue. Dein Ufreund H. Heine."

Heine hat ein Abenteuer bestanden, was ihn mit großem Stolz erfüllt. Sich vor seinen Gegnern zu behaupten, ist ihm wichtig. Heine ist auf Wangerooge in Sicherheit vor Anfeindungen. Da er aber der einzige Badegast auf der Insel ist, langweilt er sich und verfällt in eine verdrießliche Stimmung. Ebenfalls im Brief an Christiani äußert er sich mißmutig und empört über einen gerade veröffentlichten Teil von Goethes „Faust II." Es handelt sich um die sogenannte Helena-Tragödie, die später den 3. Akt des zweiten Teils bilden wird. Im 4. Band der Ausgabe letzter Hand, 1827 erschienen bei Cotta in Tübingen, findet Heine „Helena, klassisch-romantische Phantasmagorie. Zwischenspiel zu Faust" und regt sich über die darin vorkommenden freizügigen Verse Goethes auf:

> „Fraun, gewöhnt an Männerliebe,
> Wählerinnen sind sie nicht,
> Aber Kennerinnen.
> Und wie goldlockigen Hirten,
> Vielleicht schwarzborstigen Faunen,
> Wie es bringt die Gelegenheit,
> Ueber die schwellenden Glieder
> Vollertheilen sie gleiches Recht.

> — — — —

> — — — —

Darf man solche Obscönitäten drucken lassen? Meint Göthe etwa wir verständen ihn nicht? oder hat derjenige, der das Schmutzige am reinsten und fast in Göttersprache aussprechen kann, mehr Recht zu solchem Aussprechen als wir Plumperen, die wir vom Kothe nicht reden können ohne daß auch Koth an den Worten klebe? - Außer jener Stelle giebt es im 3ten und 4ten Theil der neuen Ausgabe noch manche andre die ich verstehe -. Im Grunde ist es Guthmüthigkeit vom alten Herrn daß er in seinen Büchern uns auch immer einige Zeilen giebt die wir verstehn können. Was aber die ganze „klassisch-romantische" Helena soll, versteh ich nicht. Es ist vielleicht ein großherzoglich Weimarsches Staatsgeheimniß - also von keiner großen politischen Wichtigkeit. Den „Euphorion" könnte man als die romantische Poesie selbst ausdeuten - er wird gezeugt von dem Göthe-Faust und der antiken helenischen Helena. - [...] Der Anfang ist schön, man glaubt den alten Tragödien Pathos zu hören - aber es geht allmählig über in einen Schikanederschen Operntext. - "

Diese Mischung aus Kritik und Anerkennung für den Dichterfürsten in Weimar ist charakteristisch für Heine, der bei allen Einwänden an der Wertschätzung Goethes festhält. Einige Tage später schreibt er an Merckel, wobei er ebenfalls die negativen Erlebnisse auf Norderney erwähnt:

„Wangeroge, den 11. September 1827. Dienstag
Lieber Merckel!
Einliegenden Brief an Christiani versiegle und schick gleich auf die Post. Ich schick ihn Dir, damit ich dessen Inhalt nicht zu wiederholen brauche. Du siehst, ich blieb nicht in Norderney, ich habe dort Ordre hinterlassen, etwa nachkommende Briefe mir hierher zu schicken, und da ich sie noch nicht erhalten, so lasse ich hier, von wo ich in vier Tagen abreise, ebenfalls Ordre, sie zurückzuschicken, nemlich per Addresse Hoffmann & Campe. Ich werde daher vielleicht nichts von Dir erfahren, bis ich in Hamburg Dich wiedersehe. Da dieses nun so bald, gewiß in vierzehn Tagen, geschehen wird, so will ich auch nichts schreiben. In Norderney habe ich mich wie ein Held gezeigt. Hab ich mich etwa vor meiner Abreise von Hamburg etwas furchtsam erwiesen, so hab ich jetzt alles reichlich gutgemacht. Sage niemandem, daß ich komme. - Ich langweile mich hier erschrecklich, bin ganz allein. - Grüß Campe; vertröste ihn mit allem bis meine Rückkunft. Mit meiner Gesundheit steht es besser. Ich will diesen Winter viel schreiben. Das Material häuft sich in mir. Leb wohl, die Post geht ab.
Dein Dich liebender
H. Heine. [...]"

Weitere Briefe Heines aus Wangerooge sind nicht erhalten. Man darf aber annehmen, daß er solche noch geschrieben hat, an Campe, seine Mutter, seine Schwester. Vieles ging beim Brand Hamburgs am 5. Mai 1842 verloren. So können wir uns nur aus späteren Berichten von Besuchern bei Heine in Paris ein ungefähres Bild von seinem Aufenthalt auf Wangerooge 1827 machen. Wie in den vergangenen Sommern segelt er oft mit einem gemieteten Boot auf der Nordsee. Er besucht die Nachbarinseln Spiekeroog und Langeoog, wo er ausgedehnte

Strandwanderungen unternimmt. Auch zu den Sielhäfen an der oldenburgischen Küste macht er Abstecher, wobei er das Watt gründlich kennenlernt. Geistige Anregung erfährt er nur durch den Lehrer der Insel Wangerooge. Mit den Fischern kann er sich nur mühsam verständigen. Plattdeutsch versteht er nicht. So ist er auf die Auskünfte des Schulmeisters angewiesen, als er sich nach Sagen und Märchen von der Küste erkundigt. In Heines Werk sind davon Spuren enthalten. In „Die Götter im Exil" (1854) heißt es in Erinnerung an die Erfahrungen von 1827 über eine Ortssage vom Totenfährmann:

„An der ostfriesischen Küste herrscht eine analoge Tradition, worin die altheidnischen Vorstellungen von der Überfahrt der Toten nach dem Schattenreiche, welche allen jenen Sagen zugrunde liegen, am deutlichsten hervortreten. Von einem Charon, der die Barke lenkt, ist zwar nirgend darin die Rede, wie denn überhaupt dieser alte Kauz sich nicht in der Volkssage, sondern nur im Puppenspiele erhalten hat; [...] In Ostfriesland, an der Küste der Nordsee, gibt es Buchten, die gleichsam kleine Hafen bilden und Siele heißen. An den äußersten Vorsprüngen derselben steht das einsame Haus irgendeines Fischers, der hier mit seiner Familie ruhig und genügsam lebt. Die Natur ist dort traurig, kein Vogel pfeift, außer den Seemöven, welche manchmal mit einem fatalen Gekreische aus den Sandnestern der Dünen hervorfliegen und Sturm verkünden. Das monotone Geplätscher der brandenden See paßt sehr gut zu den düstern Wolkenzügen. Auch die Menschen singen hier nicht, und an dieser melancholischen Küste hört man nie die Strophe eines Volksliedes. Die Menschen hierzulande sind ernst, ehrlich, mehr vernünftig als religiös, und stolz auf den kühnen Sinn und auf die Freiheit ihrer Altvordern. Solche Leute sind nicht phantastisch aufregbar, und grübeln nicht viel. Die Hauptsache für den Fischer, der auf seinem einsamen Siel wohnt, ist der Fischfang, und dann und wann das Fährgeld der Reisenden, die nach einer der umliegenden Inseln der Nordsee übergesetzt sein wollen. [...] Wie ich jedoch oben bemerkt, diese ostfriesischen Küstenbewohner sind mutig und gesund und nüchtern, und es fehlt ihnen jene Kränklichkeit und Einbildungskraft, welche uns für das Gespenstische und Übersinnliche empfänglich macht [...]"

Als Heine seine Badekur beendet hat, will er auf dem schnellsten Weg nach Hamburg reisen. Wie er an Christiani geschrieben hat, soll das mit einem Segelschiff geschehen. Dieses läßt aber tagelang auf sich warten, so daß Heine sich offenbar für den schnelleren Landweg über Oldenburg und Bremen entschließt. Er nimmt daher am 15. September, einem Sonnabend, ein Schiff, das ihn von Wangerooge an die oldenburgische Küste nach Friedrichsschleuse bei Carolinensiel bringen soll. Heine wird mit dem Wattwagen durch das flache Wasser zum Schiff gebracht. Nach kurzer Fahrt bleibt es wegen eintretender Windstille mitten im Watt liegen. Die Ebbe tritt ein, das Schiff liegt stundenlang im Schlick fest. Da verliert Heine die Geduld. Ohne weitere Erkundigung nach den Zeiten von Ebbe und Flut verläßt er mit dem wichtigsten Reisegepäck das Schiff und will die wenigen Kilometer durchs Watt zum scheinbar nahen Deich laufen, um von dort aus seine Reise nach Hamburg fortzusetzen. Nach einiger Zeit kehrt die Flut zurück. Schnell ist Heine von Wasser umgeben. Er gerät in Panik. Nur mit letzter Kraft kann er sich an Land retten.

Nach den Berechnungen des Deutschen Hydrographischen Instituts ergeben sich für den 15. September 1827 folgende Hoch- und Niedrigwasserzeiten für Wangerooge:

Hochwasser	zwischen 06:20 und 06:50 Uhr
Niedrigwasser	zwischen 12:50 und 13:20 Uhr
Hochwasser	zwischen 18:45 und 19:15 Uhr

Da alle Angaben mit einer gewissen Ungenauigkeit behaftet sind, kann der Zeitrahmen für Heines unfreiwillige Wattwanderung nur annähernd bestimmt werden. Das von Heine so sehnsüchtig erwartete Segelschiff könnte am Morgen des 15. September die Reede vor Wangerooge erreicht haben. Offenbar versucht es bei halber Tide noch das Watt zu passieren und in tieferes Fahrwasser zu gelangen, was kurz nach 9 Uhr gewesen sein könnte. Wegen der eintretenden Flaute konnte es aber nicht rechtzeitig sein Ziel erreichen und lag mitten auf dem Watt fest. An eine Weiterfahrt war nicht vor vier Uhr nachmittags zu denken. Der ungeduldige Passagier wird also mittags nach Niedrigwasser, also zu spät für eine gefahrlose Wattwanderung, das Schiff verlassen haben und ist dann nachmittags von der eintretenden Flut überrascht worden. Nachdem er die Küste erreicht hatte, könnte er noch kurz vor Einbruch der Dunkelheit nach Oldenburg gelangt sein.

Das Erlebnis seiner abenteuerlichen Wattwanderung erzählt Heine

1850 Besuchern in Paris. Die Schriftstellerin Fanny Lewald (1811-1889) und ihr Begleiter, ihr späterer Ehemann Adolf Stahr (1805-1876), ebenfalls Schriftsteller, bekommen die ausführlichere Version erzählt:

„Einmal war ich ein paar Wochen ganz allein mit dem Schulmeister, nachdem schon alle Leute fort waren, in Wangerooge. Endlich währte es mir doch zu lange. Mein Hauptgepäck hatte ich schon früher voraufgeschickt, und nun wollte ich mit einem Male mit meinem Bündel fort an die oldenburgische Küste nach Hamburg. Es vergingen aber Tage und es kam kein Schiff, ich saß auf der Sanddüne wie festgezaubert. Endlich kam ein Schiff und ich ließ mich hinaufbringen - ich meine, es geschah zu Wagen. Bald aber überfiel uns Windstille und wir konnten nicht ans Land. So blieben wir angesichts der Küste liegen, bis ich's nicht mehr aushalten konnte und die Ebbe benutzte, und, mit meinem Bündel auf dem Kopfe, die ganze Strecke bis ans Land zu Fuß durchs Meer ging."

Stahr berichtet weiter: „Er erzählte noch viel von den mir wohlbekannten Sielen und Meerdeichen wie von dem Wangerooger Schiffervolke." Fanny Lewald ergänzt 1886 folgende Äußerungen Heines: „›Nachdem war ich wieder einmal allein mit dem Schulmeister in Wangeroog; da haben sie mich in die Siedels gefahren. Gott, ist das ein merkwürdiges Leben! [...] Wenn ich das alles damals hätte dichterisch behandeln wollen, hätte es keiner verstanden, eben weil es unbekannte Dinge waren. Übrigens kommt es mir jetzt selber unglaublich vor, daß ich, der ich hier so liege, einmal mit meinem Bündel auf dem Kopfe, die Flut zuletzt dicht hinter mir, durch die Nordsee gewandert bin.‹ Ich fragte ihn, ob er in Oldenburg gewesen sei? ›Ich glaube, ja!‹ antwortete er. ›Denn ich erinnere mich, daß ich die Kirche dort für ein Theater gehalten habe.‹ Wir lachten, weil uns das beim ersten Anblicke vor Jahren auch so gegangen war." (Adolf Stahr und Fanny Lewald über ihren Besuch bei Heine im Oktober 1850, Houben, S. 821)

Eine weitere Wiedergabe des Abenteuers im Wangerooger Watt stammt von dem Arzt Heinrich Rohlfs (1827-1898), der Heine im Frühjahr 1851 in Paris besucht. Man spricht über Norddeutschland und Dänemark, und Heine erzählt von seinem Aufenthalt an der Nordsee:

„Als ich ihm sagte, daß Dithmarsen und Eiderstedt in vielen Beziehungen mit dem Jeverlande und Ostfriesland Ähnlichkeit haben, kam er auf seine Jugendzeit zu sprechen. In einer Sprache, wie sie sich nicht lieblicher in seinen Reisebildern findet, erzählte er mir jetzt von seinen einsamen, romantischen Wanderungen auf den Inseln Langeroog, Spikeroog und Wangeroog. ›Einmal‹, schloß er seine Erzählung, ›wären mir diese Streifereien beinahe schlecht bekommen. Ich hatte nämlich zur Zeit der Ebbe eine der Inseln verlassen, um ans Festland zu gehen, ohne mich vorher nach der Eintrittszeit der Flut erkundigt zu haben. Plötzlich, als ich noch weit vom Lande entfernt war, brach die Flut herein, und die Wasser schwollen mit solcher Geschwindigkeit an, daß ich nur mit genauer Not noch die Küste erreichen konnte.‹

Marktplatz in Oldenburg mit der Kirche St. Lamberti,
von Heine für ein Theater gehalten

Als er von diesen Wanderungen seiner Jugend redete, gab der Zauber der Erinnerung der Sprache des Dichters etwas so Anmutiges, daß man die durch Windeshauch den Saiten einer Äolsharfe entlockten Töne zu hören glaubte." (Houben, S. 856)

Heines Aufenthalte auf Helgoland 1829 und 1830

"...es giebt wenig Papier auf Helgoland."

Zwei Jahre nach seinem letzten Aufenthalt im Seebad Norderney ist Heine wieder auf einer Nordseeinsel. Diesmal ist es Helgoland, das er schon 1823 zu einer Badekur aufsuchen wollte, was aber wegen eines Sturmes nicht gelang. Helgoland ist das jüngste der von ihm besuchten Nordseebäder, 1826 gegründet von dem geschäftstüchtigen Helgoländer Jakob Andresen Siemens. Es ist in den zwei Jahren seines Bestehens zu einem kleinen aber feinen Badeort geworden. Die Insel, seit 1814 englisch, zieht die meisten ihrer Gäste aus Deutschland an, darunter vor allem solche aus Hamburg und Berlin. So hält sich auch Heines Verleger Campe regelmäßig auf der Felseninsel in der Nordsee auf und kann später Heine in Paris von den Helgoländern berichten. Nach Joseph A. Kruse (a. a. O. S. 45) verläßt Heine Hamburg mit dem Dienstag-Paketboot am 4. August 1829, segelt nach Cuxhaven und von dort weiter nach Helgoland, wo er am 5. August eingetroffen sein wird. Sein Quartier nimmt er bei Brodder Nikkels, dicht an der Kirche. Dort besucht ihn auch der Gründer des Bades Jakob Andresen Siemens. Von Beruf Schiffszimmermann, versucht er sich auch schriftstellerisch auf dem Gebiet der Rechtsgeschichte.

Über Heines Aufenthalt auf dem Felseneiland erfährt man einiges aus seinen Briefen. Heine spannt aus, liest nicht viel, schreibt offenkundig noch weniger, läßt sich gehen, flirtet mit den Damen der Gesellschaft und genießt zufrieden die Bewunderung durch die Schönen. An Moses Moser in Berlin schreibt er:

„Helgoland den 6ten August 1829. Donnerstag

Lieber Moser! Da eben ein Schiff nach Hamburg abgeht, kann ich nicht unterlassen Dir einige freundliche Grüße nach dem Continente hinüberzuschicken. Ich habe mich, nach einem kleinen Seesturm, glücklich hierhergefunden, wo ich mich wohl und heiter auf dem rothen Felsen ergehe. Ich befinde mich, in der That, recht wohl und heiter. Das Meer ist mein wahlverwantes Ellement und schon sein Anblick ist mir heilsam. [...] Ich wünschte Du sähest mahl das Meer; vielleicht begriffest Du die Wollust die mir jede Welle einflößt. Ich bin ein Fisch mit heißem Blute und schwatzendem Maule; auf dem Lande befinde ich mich wie ein Fisch auf dem Lande. Auch die Seehunde lassen Dich grüßen. Eine weiße Möve, die ich gestern kennen lernte, läßt sich erkundigen ob Gans sein Buch fertig ist? Leb wohl, es giebt wenig Papier auf Helgoland. Dein Freund H. Heine."

Helgoland um 1830

Heine interessiert sich wie üblich für die schönen Damen der Badegesellschaft, macht Bootsfahrten mit ihnen um die Insel, flirtet, neckt sie und muß sich einmal beinahe wegen der Sängerin Elisabeth Schröder (1806-1887) duellieren. Ein Zeitzeuge berichtet:

„Die Veranlassung zum Duell war folgende: Heine, der mit Herrn N. in demselben Hause wohnte, hatte diesem, der ohne Reisegepäck, nur auf kurze Zeit, nach Helgoland gekommen war, seinen Frack geliehen, um der damals gefeierten Sängerin S. aus Hamburg, die ebenfalls in Helgoland badete, einen Besuch zu machen. Vor Herrn N.s Ankunft hatte Heine der S. den Hof gemacht, sich nachher aber von ihr zurückgezogen; wogegen N. alsbald ihr eifrigster Verehrer wurde. Als die S. bei Gelegenheit, wo die Geschichte des geliehenen Fracks zur Sprache kam, darüber scherzte, daß sich die Herren einen Frack in Kompagnie hielten, antwortete Heine sehr beißend, er pflege es so zu halten, daß Herr N. das aufnehme, was er, der Heine, ablege. - Hierauf blieb nun freilich dem N. nichts anderes übrig, als Heine zu fordern. - Ich weiß nicht mehr genau, wie sich die Sache ausglich, doch ist es mir erinnerlich, daß Heine die Lacher auf seiner Seite behielt." (Houben S. 161)

Im Juli 1830 ist Heine erneut zur Badekur auf Helgoland. Er genießt die sommerlich heitere Atmosphäre der Insel. Sein Aufenthalt verläuft wieder nach dem üblichen Muster. Er badet, flirtet, macht Bootsfahrten um die rote Felseninsel herum, liest, schreibt. Seiner Schwester Charlotte Embden, die sich zur Kur in Bad Ems aufhält, berichtet er in einem seiner persönlichsten und liebenswürdigsten Briefe:

„Helgoland den 28 July 1830. Mittwoch

Liebes Lottchen!

Obgleich eine freundschaftliche Corespondenz mir sehr sauer wird und ich Dir gar nichts zu schreiben habe als daß ich Dich liebe, so kann ich doch nicht umhin Dir einige Zeilen ins Bad zu schicken. Ich habe Dir wirklich nichts anderes zu sagen als daß ich Dich liebe und zwar sehr stark. Ich denke sehr oft an Dich, täglich 25 Stunden lang, und mein größter Wunsch ist daß die Reise Deine Gesundheit herstellen möge. Ehrlich gestanden fühl ich dabey aber immer auch die Angst, daß Dein Temperament Dich verleiten könnte Deinen Zustand und den Zweck der Reise zu vergessen und Dich solchen Aufreitzungen hinzugeben die Deine Gesundheit noch verschlimmern würden. Ich hoffe Du bist gescheit genug bey vorkommenden Anlässen an Dich selbst und Deine Kinder zu denken. Vermeide nur abendliche Gesellschaften, werde nur nie heftig, sey geduldig und so heiter wie möglich. Nur in solcher Stimmung wirkt das Bad. - Du siehst ich gebe Dir gute Regeln - aber ehrlich gestanden, ich selbst, der ich in ähnlicher Lage bin, befolge leider keine davon. Ich kann mich der trüben Stimmung, die mich hier belastet, keineswegs erwehren, und lebe im gesellschaftlichen Leben, das mir nie gut thut, schwatze zu viel, esse zu viel, denke zu viel, habe viel Gesumm und Geklopf um die Ohren, und meine Kopfschmerzen sind in ihrer besten Blüthe. Ich bin jetzt 3 Wochen hier und bleib vielleicht noch 3 Wochen länger. Hamburger sind wenige hier, unter diesen die Schröder; wir speißen zusammen, kutschiren den ganzen Tag mit einander auf der Nordsee herum, und ich kann sie gut leiden - aber Dich liebe ich doch tausendmahl mehr, ja millionenmahl mehr. Ich umarme Dich und hoffe Dich bald wiederzusehen. Ich will den Herbst in Deiner Nähe zubringen; doch einige Arbeiten werden mir seltener in die Stadt zu kommen erlauben. Was es dort, besonders en famille Neues giebt weiß ich nicht, da mir Mutter nichts

Charlotte Embden, geb. Heine
(1800-1899), Heines Schwester

schreibt. Lebe wohl, ich küsse Dich schriftlich und nächstens küsse ich Dich mündlich. Antwort brauchst Du mir nicht zu schreiben. Nächste Woche schreibe ich nach Düsseldorf an Immermann und werde noch einen Brief für Dich bey ihm einlegen. Du kannst daher bey Deiner Ankunft in Düsseldorf bey dem Regierungsrath Immermann fragen lassen ob er nicht einen Brief für Dich hat. - Lebe wohl, süße Frau, und behalte mich lieb.

> Dein getreuer Bruder
> H. Heine."

Die Nachricht von der Französischen Revolution im Juli 1830 erhält Heine noch auf Helgoland, er nimmt sie aber im Unterschied zu den Ausführungen in seiner 1840 veröffentlichten Prosaarbeit „Ludwig Börne" gelassen auf, wie aus einem Brief an Karl August Varnhagen von Ense hervorgeht (Hamburg, 19. Nov. 1830):

„[...] Wie es Vögel gibt, die irgendeine physische Revolution, etwa Gewitter, Überschwemmungen etc., vorausahnen, so gibt's Menschen, denen die sozialen Revolutionen sich im Gemüte voraus ankündigen und denen es dabei lähmend, betäubend und seltsam stockend zumute wird. So erkläre ich mir meinen diesjährigen Zustand bis zum Ende Juli. Ich befand mich frisch und gesund und konnte nichts treiben als Revolutionsgeschichte, Tag und Nacht. Zwei Monath badete ich in Helgoland, und als die Nachricht der großen Woche dort anlangte, war's mir, als verstände sich das von selbst, als sei es nur eine Fortsetzung meiner Studien. Auf dem Continente erlebte ich die hiesige [sic!] Ereignisse, die einem minder starken Herzen wohl das Schönste verleiden konnten. [...]"

Mit dem Aufenthalt auf Helgoland ist Heines Nordsee-Erfahrung noch nicht zu Ende. In Frankreich sucht er wiederholt Badeorte an der Kanalküste auf. Wieder inspiriert ihn das Meer zu Gedichten, von denen einige in den Zyklus „Seraphine" eingegangen sind. Heines Sicht des Meeres sowie der formale Aufbau, gereimte, vierzeilige Strophen, erinnern an die Gedichte in dem Zyklus „Heimkehr" von 1823. Die Durchdringung der Landschaft mit seelischer Empfindung ist aber inzwischen tiefer geworden. Der Satz „Ich liebe das Meer wie meine Seele" kann für manches der Gedichte gelten. So wenn er von Todesgedanken erfaßt wird und sich ein Begräbnis im Meer wünscht. Oder wenn sein Kummer sich in schwarzen Segeln symbolisiert.

XI
Mit schwarzen Segeln segelt mein Schiff
Wohl über das wilde Meer;
Du weißt, wie sehr ich traurig bin,
Und kränkst mich doch so schwer.

Dein Herz ist treulos wie der Wind
Und flattert hin und her;
Mit schwarzen Segeln segelt mein Schiff
Wohl über das wilde Meer.

XII

Wie schändlich du gehandelt,
Ich hab es den Menschen verhehlet,
Und bin hinausgefahren aufs Meer,
Und hab es den Fischen erzählet.

Ich laß dir den guten Namen
Nur auf dem festen Lande;
Aber im ganzen Ozean
Weiß man von deiner Schande.

Von düsterer romantischer Stimmung sind auch einige andere Gedichte geprägt. Sie setzen thematisch die von Weltschmerz durchzogene Lyrik aus der Zeit seines ersten Nordseeaufenthaltes fort:

XIII

Es ziehen die brausenden Wellen
Wohl nach dem Strand;
Sie schwellen und zerschellen
Wohl auf dem Sand.

Sie kommen groß und kräftig,
Ohn Unterlaß;
Sie werden endlich heftig -
Was hilft uns das?

XIV

Es ragt ins Meer der Runenstein,
Da sitz ich mit meinen Träumen.
Es pfeift der Wind, die Möwen schrein,
Die Wellen, die wandern und schäumen.

Ich habe geliebt manch schönes Kind
Und manchen guten Gesellen -
Wo sind sie hin? Es pfeift der Wind,
Es schäumen und wandern die Wellen.

XV

Das Meer erstrahlt im Sonnenschein,
Als ob es golden wär.
Ihr Brüder, wenn ich sterbe,
Versenkt mich in das Meer.

Hab immer das Meer so lieb gehabt,
Es hat mit sanfter Flut
So oft mein Herz gekühlet;
Wir waren einander gut.

Heiter und ironisch ist hingegen ein Gedicht, das in seinem Ton der satirischen Prosa von „Nordsee. III. Abteilung" entspricht und von der Literaturgeschichte oft als berühmtestes Beispiel heinescher Ironie genannt wird:

X

Das Fräulein stand am Meere
Und seufzte lang und bang,
Es rührte sie so sehre
Der Sonnenuntergang.

Mein Fräulein! sein Sie munter,
Das ist ein altes Stück;
Hier vorne geht sie unter
Und kehrt von hinten zurück.

Schwieriges Gedenken
Zur Heine-Tradition auf
Norderney

„...und ein Narr wartet auf Antwort.“

Schon wenige Jahre nach Heines Aufenthalten auf Norderney ist eine wachsende Heine-Verehrung auf der Insel festzustellen. So schreibt 1836 Dr. Mühry, der Badearzt, über Norderney:

„Unendlich anziehend ist hier am Strande der Anblick des Meeres und dem Betrachtenden wird es fühlbar, wie auf dieser Stelle Heines reiches poetisches Gemüt zu den lieblichen Bildern der Nordsee begeistert werden mußte, welche er in dem Buche der Lieder einem seiner Freunde zugeeignet hat.“ (Ueber das Seebaden und das Norderneier Seebad von Dr. Mühry. Hannover 1836. Zitiert nach: Redell, Wiet aver de solten See. Norderney Anno dazumal. Norderney 1986. S. 76)

Die positive Erinnerung an den Dichter wird noch durch eine andere Überlieferung deutlich. In der Zeitschrift „Der Vagabund“ von 1848 finden sich von dem Autor Enno Hektor (1820-1874) unter dem Titel „Ein merkwürdiger Fund“ Bemerkungen über Gedichte Heines, die ein Freund von Hektor auf Norderney gefunden haben will:

„Ein Freund, an dessen Glaubwürdigkeit zu zweifeln ich keine Ursache habe, der jedoch mitunter den Schalk zu spielen geneigt ist, schreibt mir, dass er, da er vor einigen Sommern während seines Aufenthalts auf Norderney bei verschiedenen Einwohnern nach Heine sich erkundigt, unvermuthet bei einem derselben verschiedene, eigenhändig von Heine flüchtig niedergekritzelte Lieder entdeckt habe, die der Dichter wohl aus Versehen daselbst zurückgelassen oder verloren haben müsse. [...] Der Schatz, den ich gehoben, bestand nur aus einigen vergilbten, zerknitterten, beschmutzten, mit kaum lesbaren Zeichen bekritzelten Blättern [...].“

Handschriftliches von Heine, von Norderneyern aufbewahrt, das deutet auf eine Verehrung des Dichters der Nordsee hin. Enno Hektor hatte sich vom 30. Juli 1848 an auf Norderney aufgehalten. Der Verfasser des als „Ostfrieslandlied" bekannt gewordenen „In Oostfreesland is ´t am besten" stellte offenbar eigene Nach-forschungen über Heine auf der Insel an. (Vgl. Johannes Diekhoff: Enno Hektor und Norderney. In: Ostfriesische Nachrichten, Beilage, Sept. 1996). Der Heine-Forscher Joseph A. Kruse ist der Ansicht, daß die angeblich von Heine stammenden Gedichte Nachahmungen Hektors sind. (Vgl. J. A. Kruse, Heines Badeaufenthalte. Hamburg 1957, S. 130) Immerhin konnte Hektor aufgrund seiner Kenntnisse der Heine-Tradition auf Norderney glaubhaft machen, auf Norderney gäbe es noch unentdeckte Spuren des Dichters.

Enno Hektor (1820-1874)
ostfriesischer Heimatdichter

Wie in Rykenas Schrift „Beiträge zur Geschichte von Norderney bis zum Jahre 1866." (A. Frerichs Verlag, Norderney. 1912), die zum Teil auf persönlichen Erinnerungen des Verfassers beruht, zu lesen ist, gab es in der Welfen-Zeit ein bereits kulthafte Formen annehmendes Gedenken an Heinrich Heine. Der Dichter war inzwischen so berühmt,

Otto von Bismarck
(1815-1898)

daß verbreitet worden war, er sei in Norderney außer zu seinen Nordseegedichten auch zu einem seiner beliebtesten und oft vertonten Gedichte angeregt worden („Du bist wie eine Blume"). Rykena führt aus: „Ein Menschenleben früher hat bekanntlich der Dichter, dessen unvergängliche Lieder auf der Insel am meisten gesungen und gespielt werden, den Grund zu seinem Ruhm durch die 1824 erschienenen Nordseelieder gelegt. Norderney kann sich freilich nicht rühmen, die Geburtsstätte derselben gewesen zu sein, denn sie sind nach einem Aufenthalt Heines in Kuxhaven entstanden, doch weilte der Dichter später zweimal auf der

Insel. [...] Die in Ostfriesland verbreitete Anekdote, daß eine junge Dame - es werden übrigens verschiedene genannt - , welche dem Dichter an der Table d'hôte im Konversationshause gegenüber gesessen hatte, ihn zu dem bekannten „Du bist wie eine Blume" begeistert hat, stellt sich auf Grund der oben erwähnten Eintragungen als falsch heraus, denn das Gedicht ist schon am 13. Februar 1825 in der Rheinischen Flora veröffentlicht. Indessen mag hier erwähnt werden, daß solches auf den König von Hannover, Georg V., einen so tiefen Eindruck gemacht hat, daß er es selbst in Musik setzte."

Du bist wie eine Blume,
So hold und schön und rein;
Ich schau dich an, und Wehmut
Schleicht mir ins Herz hinein.

Mir ist, als ob ich die Hände
Aufs Haupt dir legen sollt,
Betend, daß Gott dich erhalte
So rein und schön und hold.

Was kann sich ein Dichter Schöneres wünschen als einen königlichen Komponisten seiner Gedichte? Wie an den Jugenderinnerungen Rykenas deutlich wird, war Heine durch die Sommerresidenz des Welfenhofes, zu dessen gesellschaftlichem Leben auch die

Georg V. von Hannover (1819-1878) als Kronprinz

Musik gehörte, zur kulturellen Berühmtheit Norderneys aufgestiegen. Otto von Bismarck, der von Heines Lyrik fasziniert war, nahm bei seinem ersten Aufenthalt auf Norderney im Jahre 1844 an den Geselligkeiten der kronprinzlichen Hofhaltung teil. Seiner Schwester berichtet er über das ausgelassene Treiben bei einer „Landpartie" in die Dünen mit Kaffeekochen, Pellkartoffelzubereitung, Herabspringen von den Dünen, Tanz bis in den Abend, Bockspringen um das Feuer. Auch Segeltouren um die Insel unternahm Bismarck mit dem Kronprinzenpaar, wobei er von den Passagieren offenbar der einzige war, der von der Seekrankheit verschont blieb.

Seit dieser Zeit hält sich auf Norderney auch die Überlieferung, daß Marie von Hannover den Pavillon auf der „Marienhöhe" dem Dichter

Marie von Hannover (1818-1907)
als Kronprinzessin

Das Königspaar von Hannover bei einer Kutschfahrt am Strand

Heinrich Heine zu Ehren errichtet habe. Daß auf dieser Düne Heine sein Gedicht „Das Meer erglänzte weit hinaus" geschrieben habe, wird seit 1923 gemäß älterer Überlieferung im Zusammenhang mit dem Neubau des Pavillons berichtet. In einem ausführlichen Artikel schreibt die „Badezeitung" über die Erneuerungsarbeiten: „Norderney, 29. Juni. Wer an einem schönen warmen Sommerabend (es war einmal !) von der Marienhöhe aus den herrlichen Ausblick auf das Meer genossen hat, der versteht die Stimmung, aus der heraus das bekannte Lied Heinr. Heines „Das Meer erglänzte ..." hervorgegangen ist, der versteht,

Marienhöhe

warum gerade hier dieses Lied entstehen konnte. Dieselbe Stimmung war es, die seinerzeit die Königin Maria von Hannover veranlaßte, gerade an diesem markantesten Punkt unseres Strandes den bekannten und bei den Insulanern als auch den Kurgästen beliebten Pavillon zu erbauen. Diese Tatsache hat der Düne den Namen und die historische Bedeutung gegeben. Reichlich 3/4 Jahrhundert hat dieses „Tempelchen" Sturm und Wetter getrotzt. Aber mit geheimem Bedauern konnte man in den letzten Jahren auch an ihm feststellen, daß nichts für die Ewigkeit gebaut ist und es in absehbarer Zeit den Naturgewalten zum Opfer fallen mußte. Das wird nun nicht geschehen. Der entschlossene Unternehmergeist des jetzigen Pächters, Herrn Radtke, hat es vor diesem Schicksal bewahrt, und die Gäste, denen in den letzten Jahren das im Pavillon eröffnete Kaffee zu einem Lieblingsplätzchen geworden ist, werden bei ihrer Rückkehr den alten Bau nicht mehr vorfinden. Aber etwas Neues ist an seine Stelle getreten. Nach dem vortrefflichen Entwurf des Architekten Ihmels ist die „neue Marienhöhe" entstanden. [...]" (Badezeitung und Anzeiger, 1923, Sonnabend, 30. Juni)

Über die „Marienhöhe" berichtet auch ein Artikel in der „Norderneyer Badezeitung" vom 23. September 1926. Nachdem der Verfasser, C. Harder, in seinen Reiseeindrücken über die Gedenktafel zu Ehren von Fürst Bismarck am Haus in der Marienstraße geschrieben hat, fährt er fort: „Eine weitere Gedenktafel belehrt uns darüber, daß Deutschlands großer Dichter Heinrich Heine hier auf der Höhe einer Düne eins seiner schönsten Gedichte uns geschenkt hat: „Das Meer erglänzte weit hinaus." - Zur Erinnerung an ihn hat seine Verehrerin Königin Marie von Hannover alsdann auf der Höhe dieser Düne einen Pavillon errichten lassen, der heute den profanen Zwecken einer Konditorei mit Jazzmusik dient."

Das Meer erglänzte weit hinaus,
Im letzten Abendscheine;
Wir saßen am einsamen Fischerhaus,
Wir saßen stumm und alleine.

Der Nebel stieg, das Wasser schwoll,
Die Möwe flog hin und wieder;
Aus deinen Augen, liebevoll,
Fielen die Tränen nieder.

Ich sah sie fallen auf deine Hand,
Und bin aufs Knie gesunken;
Ich hab von deiner weißen Hand
Die Tränen fortgetrunken.

Seit jener Stunde verzehrt sich mein Leib,
Die Seele stirbt vor Sehnen; -
Mich hat das unglückselge Weib
Vergiftet mit ihren Tränen.

Daß Heines berühmtes Gedicht „Das Meer erglänzte weit hinaus"
hier lokalisiert wurde, lag weniger an literaturgeschichtlich gesicherter
Erkenntnis als an der lebendigen Heine-Verehrung. War doch Heines
Lyrik unendlich populär geworden, vor allem durch die Vertonungen
von Schubert, Schumann, Mendelssohn, Wolf und Silcher. Da war es
nicht von Wichtigkeit, sich zu vergewissern, ob gerade dieses Gedicht
tatsächlich auf Norderney gedichtet worden war. Es genügte die Vor-
stellung, daß die romantische Abendstimmung bei Sonnenuntergang
vor der Marienhöhe inspirierend auf den Dichter gewirkt haben müsse.
Daß Heine dieses Gedicht in den Gedichtzyklus „Heimkehr" (1823)

Gedenktafel vor der Marienhöhe

eingefügt hatte (Nr. XIV „Das Meer erglänzte ..." ist allerdings erst in
der Auflage von 1826 enthalten), es also in den Zusammenhang der
bereits im Anschluß an Heines ersten Nordseeaufenthalt in Cuxhaven
entstandenen Meergedichte gehört, war den Heine-Verehrern auf
Norderney unwichtig. Deshalb blieb die Verbindung dieses von
Schubert vertonten Heine-Gedichts mit der Marienhöhe unerschüttert.
Ähnlich unbekümmert war man auch auf Helgoland verfahren, wo eine
Gedenktafel am Wohnhaus Heines dicht bei der alten Kirche behauptete,
daß Heine hier einen Teil seiner „Nordseelieder" gedichtet habe.

Vor 1933 gehörte Heine zu den auf Norderney am meisten zitierten
Dichtern, wenn es um die dichterische Gestaltung des Meeres ging. Der
Leiter des Kurorchesters auf Norderney, Professor Josef Frischen, ließ
sich beispielsweise in einer großen Komposition für Chor, Solo und
Orchester von Heines Nordsee-Gedichten inspirieren. Wie das
gleichnamige Gedicht Heines nannte er seine Komposition beziehungs-
reich „Thalatta".

Über die Aufführung des Werkes berichtet die „Norderneyer
Badezeitung" am 16. August 1923 unter der Überschrift „Thalatta" -
eine „Meeres = Symphonie" für Solo, Chöre und großes Orchester:

Professor Josef Frischen
Leiter des Kurorchesters

Titelblatt der „Meeres-Symphonie"

1ª. Meergruß.

(Heine.)

[...] Frischens Werk ist das hohe Lied vom Meere, von der Nordsee im besonderen: Heine, Goethe und der Komponist suchen in ihren Gedichten ihr rätselhaftes Wesen einzufangen und von allen Seiten zu beleuchten. Am schönsten gelingt das dem, der die wenigsten Worte macht: Goethen. Aber in den Gedichten Heines fand der Komponist neben dem Bildhaften auch viel Bekenntnishaftes, das er aufnahm und in eigenen Versen weiterbildete."

Heine und das Meer, das ist bei literarisch Gebildeten auf Norderney in den 20er Jahren eine feste Verbindung. So schreibt Harro Essingh in einem Stimmungsbild „Abend am Strande" in der „Norderneyer Badezeitung" vom 9. Juli 1925:

Herangedämmert kam der Abend - !

Durch die Seele zieht es wie ein Erinnern an früh und heimlich gelesene Gedichte des toten Dichters, der die Nordsee liebte:

„Wilder toste die Flut;
Und ich saß am Strande und schaute zu
Dem weißen Tanz der Wellen."

Sonnenuntergang auf dem Meer!
Ihr Menschen an den Küsten, die ihr Meer und Himmel, Strand und Horizont täglich euer Eigen nennen könnt, - wohl euch, wenn ihr in euren Herzen nicht zur alltäglichen Gewohnheit versinken laßt, was den Besten eurer Gäste eine Feier ist. [...]

„Thalatta, Thalatta! Sie mir gegrüßt, du ewiges Meer!"

Wo könnte den Menschen der Atem der Ewigkeit stärker durchbrausen als an deinem Strande, wo Himmel und Meer und Erde zusammen klingen als elementares Bild der reinen Schöpfung?

Eine indirekte Wirkung scheint Heine auf den russischen Dichter Wladimir Majakowski bei dessen Aufenthalt auf Norderney 1923 gehabt zu haben. Am 9. Juli 1923 verzeichnet ihn die Gästeliste in dem Blatt „Badezeitung und Anzeiger" als Gast im Hotel „Kaiserhof" an der prächtigen Strandpromenade des nach dem Ersten Weltkrieg wieder aufstrebenden Nordseebades. Die Schreibweise im Gästeverzeichnis ist etwas eigenwillig: „Majabuski, Waldemar, Dichter, Moskau" ist dort zu lesen. In seiner Begleitung befand sich seine langjährige Lebensgefährtin Lilja Brick („Brik, Lili, Moskau"). Beide trafen auf den russischen Literaturwissenschaftler Viktor Schklovskij, der an ihrem Badeleben teilnahm. Wie Heine hundert Jahre zuvor genoß Majakowski das Bad im Meer. Sein Begleiter Schklovskij berichtet: „Hinter uns Hotels, wie man sie überall finden konnte. Außer, daß sie große, aufgebrochene Krebse servierten. Wir aber fingen Krebse aus den Wellen, Krebse ohne jeden kommerziellen Wert, ganz schlichte Bewohner der See. [...] Wir spielten mit den Wellen, eine Welle rollte heran, ging am Strand über den Kopf. [...] Majakowski spielte mit dem Meer wie ein Junge." (König, Norderney - Insel der Schriftsteller. Badezeitung, 8. 11. 1977)

Möglicherweise hat sich der russische Dichter an den fast 100 Jahre früher auf der Insel weilenden, von ihm als literarischen Vorgänger empfundenen Dichter des „Jungen Deutschland" erinnert. Ein Gedicht Majakowskis „In Heines Manier" (1920) läßt den Bezug zu dem Dichter des Vormärz in Deutschland erkennen. Daß Heine auf Norderney dichtete, konnte Majakowski 1923 auf der Gedenktafel vor der „Marienhöhe" am Weststrand der Insel nachlesen. Während Heine über die Norderneyer nur einige ironische Bemerkungen in seinen „Reisebildern" gemacht hatte, sprengt Majakowski in seinem Gedicht „Norderney" die bourgeoise Badegesellschaft regelrecht auseinander. Angesichts der Not der Inflationszeit im Jahr 1923 sieht er das Ende der bürgerlichen Gesellschaft kommen. Die Kronstädter Matrosen vor Augen, die mit den Schüssen des Kreuzers „Aurora" den Beginn der russischen Oktoberrevolution signalisierten, prophezeit der Dichter den behäbigen Fettbäuchen der Strandgäste Norderneys einen Sturm der Revolution:

Bald scheint mir:
    der Sturmwind springt auf von der Düne.
  „Ihr Herrschaften! rettet euch, seht ihr die Flagge?
      Das fegt euer Fett von des Lebens Tribüne.
        Sandkörner sind Kugeln, solch Sand heißt Attacke!"

In der Vision des revolutionsbegeisterten Dichters siegt die Revolution auch auf Norderney: „Asthmatische Schieber, Bankherren und Faschistenfräulein", diese den morschen Kapitalismus symbolisierenden Elemente, wird der rote Sturm hinwegfegen. Sein Gedicht „Norderney"

Wladimir Majakowski (1894-1930)
am Strand von Norderney 1923

schickt Majakowski sofort nach Moskau. Vier Wochen später wird es
am 12. August 1923 in der „Iswestija", deren Mitarbeiter Majakowski
ist, veröffentlicht.

Doch nicht die von Majakowski beschworenen revolutionären
Kräfte bestimmten zehn Jahre später das Schicksal Deutschlands,
sondern die konservativen Gruppierungen, die Hitlers Machtübernahme
ermöglichten. Mit dem Beginn des Dritten Reiches galt Heinrich Heine
offiziell als unerwünscht. Seine Werke wurden wie die von vielen
anderen Dichtern am 10. Mai 1933 auf dem Opernplatz in Berlin
verbrannt. Währenddessen konnten auf Norderney bis in den Sommer
die jüdischen Gäste auf der Insel weiterhin ihre Ferien verbringen, ohne
wie andernorts angepöbelt zu werden. In der Beschreibung des Bades
wurde noch im Juni Heine wie immer ganz selbstverständlich im

117

Zusammenhang mit der „Marienhöhe" erwähnt. In dem Stimmungs-
bericht „Verklungene Pfingsten" in der Badezeitung vom 8. Juni 1933
heißt es: „[...] In ein Meer von Licht badeten sich die Kaiserstraße und
die an der Strandpromenade liegenden Gaststätten. Die historische
„Marienhöhe", wo Heinrich Heine sein „Das Meer erglänzte weit
hinaus" erstehen ließ, lenkte besondere Aufmerksamkeit auf sich. [...]"
Doch bald erfaßte die „Gleichschaltung" auch Norderney. Heine
wurde nicht mehr im Zusammenhang mit der „Marienhöhe" erwähnt.
So notierte die „Badezeitung" im September 1933 zum „Café
Marienhöhe" ohne Bezug zu Heine:
„An der westlichsten Ecke unseres Inselrunds liegt hart an der
Strandpromenade jene historische Höhe, von der man zu allen Tages-
und Jahreszeiten einen bezaubernden Ausblick hat auf das oft lieblich
dahinplätschernde, manchmal wild aufbäumende, tobende Meer. Es ist
jene bedachte Höhe, die aus Erinnerung und Dankbarkeit an die
einstige hannoversche Königin Marie „Marienhöhe" genannt ist. Vor
nunmehr fast 10 Jahren ersetzte der Inhaber, Herr Radtke, die baufällige
Hütte durch den stilvollen Tempel, der noch heute die Höhe ziert."
Im Jahr 1934 gibt es noch einen versteckten Hinweis auf den
berühmten Dichter. In der „Badezeitung" wird ein Gedicht von Maria
Elisabeth Henke-Theinert abgedruckt, welches unter dem Titel
„Marienhöhe" ganz im Stil Heines und mit Bezug auf die Heine-
Tradition dieses Ortes gehalten ist:

Marienhöhe

Das Meer erglänzte weit hinaus,
So sang ein Dichter längst vor meinen Tagen.
Er schuf das Lied in einem kleinen Haus
Das, hoch am Meer, viel Sonn´, viel Sturm ertragen.
Ein Tempelchen, rundum mit Glas verkleidet,
Damit der Blick nicht eine Hemmung leidet,
Damit er schweifen kann ringsum aufs weite Meer
Und meine Seele wieder findet zu mir her.
Du Nordermeer, ich nannt´ Dich meine Liebe,
Nichts, das aus meinem Herzen Dich vertriebe!
Es kommt zu Dir gern ein Marienkind
„Marienhöh´", bald ich Dich wiederfind´!

(Norderneyer Badezeitung, Sonnabend, den 9. Juni 1934)

Solche in der Öffentlichkeit geäußerte Reverenz vor Heine war allerdings bald nicht mehr möglich. Mit der Abberufung des Regierungspräsidenten Jann Berghaus, des ehemaligen Norderneyer Bürgermeisters, eines aufrechten Demokraten, war auch der politische Widerstand gegen den Nationalsozialismus in Ostfriesland gebrochen. Das „Staatliche Nordseebad Norderney" warb in einem Prospekt mit „Herrlicher Strand. Seewasser-Wellenschwimmbad. Dünengolfplatz. Tennis. Reiten. Flugplatz. 200 Morgen Wald. Réunions. Symphoniekonzerte. Niedrige Kurtaxe." Darüber stand der deutliche Hinweis: „Juden sind nicht erwünscht".

Das offizielle Programm in Norderney tilgte demzufolge die Erinnerung an Heine, und der Schuljugend wurde der Dichter nicht mehr „als der größte deutsche Lyriker nach Goethe" vermittelt. Der Bibliothekar Hinrich Koch aus Heidelberg gab in einem Heine schmähenden Artikel „Was der jüdische Dichter Heinrich Heine bei den Friesen erlebte" in der „Norderneyer Badezeitung" vom 3. August 1935 (ebenfalls abgedruckt im „Ostfriesischen Kurier") die neue Richtung an. Die adligen Frauen auf Norderney hätten sich von ihm zurückgezogen, „denn so erging es jeder echt und gesund empfindenden Natur mit Heine. Wer ihn in seiner ganzen Hohlheit und Nichtigkeit, Eitelkeit und Charakterlosigkeit erst durchschaut hatte, der ließ ihn fallen und zog sich von ihm zurück. [...] Die Merkmale seiner Rasse hat Heinrich Heine zeitlebens nicht verleugnet, weder als Mensch noch als Dichter. Stets denkt, handelt und empfindet er jüdisch." Heine sei deshalb heute für „Menschen deutschen Blutes" als sogenannter „Dichter" indiskutabel, er sei „ein für allemal abgetan und erledigt".

Ein Jahr später erwähnte Koch ebenfalls in der „Badezeitung" („Norderney und Norderneyer Reinlichkeit", 10. Okt. 1936) Heine als einen die Norderneyerinnen diffamierenden Autor im Gegensatz zu dem Dichter Theodor Fontane, der die Reinlichkeit der Norderneyer gepriesen habe. Bereits im Juni 1936 hatte Koch in einem längeren Artikel Fontanes auf Norderney geäußerten Antisemitismus als vorbildlich für die Gegenwart hervorgehoben und damit Fontane als positives Beispiel Heine gegenüber gestellt. Dessen Gedenktafel an der Marienhöhe verschwand, mit Beginn des Krieges verwandelte sich diese Region der Insel in einen Teil des „Atlantikwalls" und war Sperrgebiet.

Nach dem Krieg dauerte es nicht lange, bis die Erinnerung an den berühmten Dichter als Gast Norderneys wiederbelebt wurde. So findet er in der liebenswerten Abhandlung zum 150jährigen Bestehen des Staatsbades „Sonne über Norderney" von Else Galbas die gebührende Würdigung. Noch nachhaltiger wirkte die kleine, dennoch vielbeachtete Schrift von Rudolf Boden „Berühmte Gäste Norderneys" aus dem Jahr 1950 (Soltau-Verlag). Auf sie beziehen sich fast alle, die über Norderney schreiben, und durch sie hat Heine seinen festen Platz in der Geschichtsschreibung der Insel. Heine-Lieder gehörten wieder zum Repertoire der Musikveranstaltungen. Rezitationen seiner Gedichte füllten ganze Abende im Kurtheater. Jede Beschreibung Norderneys erwähnt ihn mit erkennbarem Stolz.

Die Wiederentdeckung des gesellschaftskritischen Heine in den 60er und 70er Jahren, die Diskussion um seinen Stellenwert in der deutschen Literaturgeschichte, seine neuakzentuierte Nähe zum Kommunismus, der Streit um die Benennung der Universität in Düsseldorf mit seinem Namen unterstrichen die Aktualität des Dichters, und man bemächtigte sich Heines je nach der eigenen Weltsicht. An Norderney gingen diese Auseinandersetzungen spurlos vorüber, bis 1983 der Stadt eine Heine-Skulptur als Geschenk übergeben wurde. Eine heftige Diskussion entwickelte sich in der Presse, als deutlich wurde, daß keineswegs treue Heine-Leser den stolzen Betrag von 130.000 DM - so die Wertangabe für die Plastik - gespendet hatten, um nun endlich die schlichte Holztafel vor der Marienhöhe durch eine repräsentative Bronzeskulptur zu ersetzen. Diese hatte in Düsseldorf, wo sie eigentlich aufgestellt werden sollte, „auf breitester Basis eiserne Ablehnung" gefunden (Vgl. Gerhart Söhn, Der rheinische Europäer Heinrich Heine aus Düsseldorf. Düsseldorf 1986. S.111). Das hatte weniger ästhetische Gründe. Anstoßerregend war der Künstler der Skulptur, Arno Breker, der im Dritten Reich die ideologischen Ziele des Nationalsozialismus in seinem bildhauerischen Werk am reinsten verwirklicht hatte.

Auf Norderney wollten sich die Stadtväter nicht von außen vorschreiben lassen, welche Kunst man aus welchen Gründen zu schätzen habe und welche nicht. Monatelang wogte der Streit um die Aufstellung des Werkes hin und her. Veranstaltungen mit der Anhörung berühmter Kenner der Kunst und Literatur stellten den Norderneyern

Heine-Skulptur von Arno Breker

vergeblich die Problematik dieses Künstlers und seines Werkes vor Augen. Auch ein Brief von Willy Brandt blieb unbeachtet. In einer Trotzreaktion ließ man sich beschenken. So unauffällig, wie Heine die Insel 1827 verlassen hatte, kehrte er 1983 an einem Dezembermorgen in Bronze zurück und blickt seitdem auf die zahlreichen Gäste Norderneys auf ihrem Weg in das Kurtheater oder das Haus der Insel. Die Verehrer und Kenner Heines werden sich eher bei Sonnenuntergang am abendlichen Weststrand an den Dichter und seine berühmten Verse erinnern. Manchen unter ihnen werden Vertonungen in den Sinn kommen wie die von Franz Schubert, Clara und Robert Schumann, letztere übrigens Kurgäste Norderneys im Sommer 1846.

Clara Schumann hatte 1840 Heines Gedicht „Es fiel ein Reif in der Frühlingsnacht" vertont, 1843 folgten „Ich weiß nicht, was soll es bedeuten" und die der Königin Caroline Amalie von Dänemark gewidmeten Lieder „Ich stand in dunklen Träumen" und „Sie liebten sich beide". Robert Schumann schuf 1840 einen ganzen Liederzyklus nach Gedichten Heines aus dem „Buch der Lieder" (op. 48). Er nannte ihn „Dichterliebe". In demselben Jahr entstanden die „Romanzen und Balladen" für Singstimme und Klavier (op. 45), darunter das Lied „Abends am Strand", dessen erste beiden Strophen die abendliche Stimmung am Meer so beschreiben:

> Wir saßen am Fischerhause,
> Und schauten nach der See;
> Die Abendnebel kamen,
> Und stiegen in die Höh.

> Im Leuchtturm wurden die Lichter
> Allmählig angesteckt,
> Und in der weiten Ferne
> Ward noch ein Schiff entdeckt.

Clara Schumann (1819-1896) und Robert Schumann (1810-1856)

Literaturverzeichnis

Am Werfte zu Kuxhaven. Heinrich Heine, die Nordsee und Cuxhaven. Hrsg. vom Förderverein Cuxhaven e. V., Niederelbe-Verlag H. Huster, Otterndorf 2000.

Bätje, Manfred: Kulturdenkmal „Marienhöhe". Mitteilungen aus dem Stadtarchiv Norderney. Nr. 6, Sept. 1998.

Bakker, Hermann Soeke: Norderney. Vom Fischerdorf zum Nordseeheilbad. Bremen 1956.

B.(arenscheer, Friedrich): Heinrich Heine und die schöne Frau von Celle. In: Cellesche Zeitung, 7. Febr. 1959, S. 23.

Barenscheer, Friedrich: Die schöne Frau von Celle. Heinrich Heine traf Caroline Auguste von Anderten auf Norderney. In: Hannoversche Allgemeine Zeitung. 9./10. Januar 1960.

Bengen, Etta und Wördemann, Wilfried: Badeleben. Zur Geschichte der Seebäder in Friesland. Oldenburg 1992.

Bieber, Hugo und Hadas, Moses: Heinrich Heine. A Biographical Anthology. Philadelphia 1956.

Boden, Rudolf: Berühmte Gäste Norderneys. Norden 1950.

Briegleb, Klaus: Heine, Heinrich, Sämtliche Werke. 6 (7) Bde., München 1968 ff.

Briegleb, Klaus: Bei den Wassern Babylons. Heinrich Heine, jüdischer Schriftsteller der Moderne. München 1997.

Brod, Max: Heinrich Heine, Leipzig und Wien 1934; Neuausg. Berlin 1956.

Browne, Lewis: That Man Heine. New York 1927.

Brummack, Jürgen (Hrsg.): Heinrich Heine. Epoche - Werk - Wirkung. Beck, München 1980.

Buurmann, Heinrich: Als Norderney Seebad wurde. Die wohltuende Seebadeanstalt 1797-1825. Soltau-Kurier.

Deuter, Jörg: Heinrich Heine und Wangerooge. In: Historienkalender 1974. S. 39-45. Jever 1973.

Diekhoff, Johannes: „Haben Sie die neue Zeit nicht begriffen?" Enno Hektors zwiespältiges Verhältnis zu Norderney. In: Ostfriesen-Zeitung, Beilage 8/1994. (Ebenso in: Beilage der Ostfriesischen Nachrichten 6/1996).

Ehlert, Holger (Hrsg.): Die Jahre kommen und vergehn! 10 Jahre Heinrich-Heine-Universität Düsseldorf. Düsseldorf 1998.

Galbas, Else: Sonne über Norderney. Geschichte einer kleinen Residenz. Norderney 1947.

Galbas, Else: Norderney eine symphonische Dichtung. Norderney 1964.

Galley, Eberhard: Heinrich Heine, 4. Aufl. Stuttgart 1976 (Sammlung Metzler).

Greinz, Rudolf Heinrich: Heinrich Heine und das deutsche Volkslied. Eine kritische Untersuchung nach dem Stoffgebiete der Heine'schen Lyrik. Neuwied und Leipzig o. J. (ca. 1895).

Gronau, Dietrich: Heinrich Heine. München 1997.

Halem, F. W. von: Die Insel Norderney und ihr Seebad nach dem gegenwärtigen Standpuncte. Hannover 1822.

Hädecke, Wolfgang: Heinrich Heine. Eine Biographie. München 1985.

Hauschild, Jan-Christoph und Werner, Michael: „Der Zweck des Lebens ist das Leben selbst." Heinrich Heine. Eine Biographie. Köln 1997.

Hedinger, Bärbel (Hrsg.): Saison am Strand. Badeleben an Nord- und Ostsee 200 Jahre. Herford 1986.

Heinrich Heine, Briefe. Erste Gesamtausgabe nach den Handschriften. Herausgegeben, eingeleitet und erläutert von Friedrich Hirth. Mainz 1948.

Heinrich Heine: Werke und Briefe in zehn Bänden. Hrsg. von Hans Kaufmann. Bd. 3: Reisebilder. Textrevision und Erläuterungen von Gotthard Erler, Berlin 1961.

Heinrich Heine. Sämtliche Schriften. Hrsg. von Klaus Briegleb. Bd. 1-6. München 1975. (dtv)

Heinrich Heine: Prinzessin Sabbat. Über Juden und Judentum. Bruchstücke einer großen Konfession. Hrsg. und eingeleitet von Paul Peters. Bodenheim 1997.

Hessel, Karl: Die Nordsee. Meerdichtungen von Heinrich Heine. Nebst einem Anhang: Heinrich Heine als Dichter des Meeres. Norden 1893. Verlag Braams.

Hinck, Walter: Die Wunde Deutschland. Heinrich Heines Dichtung im Widerstreit von Nationalidee, Judentum und Antisemitismus. Frankfurt/M. 1990.

Höpke, Walter: Die Anfänge des Nordseebades Cuxhaven. In: Jahrb. der Männer vom Morgenstern 47. Heimatbund an Elbe und Wesermündung. Bremerhaven 1966. S. 49-71.

Höhn, Gerhard: Heine-Handbuch. Zeit, Person Werk. Stuttgart 1997.

Houben, Hans Hubert (Hrsg.): Gespräche mit Heine, Frankfurt am Main 1926.

It will be a lovely day. Selections from the Prose Works of Heinrich Heine. Translated and with an Introduction by Frederic Ewen. Seven Seas Publishers. Berlin 1965.

Karpeles, Gustav: Heinrich Heine und seine Zeitgenossen, Berlin 1888.

Karpeles, Gustav: Heinrich Heine. Aus seinem Leben und aus seiner Zeit, Leipzig 1899.

Koch, Hinrich: Was Heinrich Heine in Norderney und Emden erlebte. In: Ostfriesischer Kurier, 7. Heim- und Herd-Beilage des Jahrgangs 1935.

König, Johann-Günther: Norderney. Portrait einer Insel. Fischerhude 1977.

Kohut, Adolph: Heinrich Heine und die Frauen. Berlin 1888.

Kortländer, Bernd: Die Erfindung des Meeres aus dem Geist der Poesie. Heines Natur. In: „Ich Narr des Glücks". Heinrich Heine 1797-1856. Bilder einer Ausstellung. Hrsg. Von Joseph A. Kruse unter Mitwirkung von Ulrike Reuter und Martin Hollender. Metzler. Stuttgart, Weimar 1997. S. 261-269.

Kortländer, Bernd: Heinrich Heine - Hofdichter der Nordsee. In: Am Werfte zu Kuxhaven. Heinrich Heine, die Nordsee und Cuxhaven. Hrsg. vom Förderverein Cuxhaven e. V., Niederelbe-Verlag H. Huster, Otterndorf 2000. S. 5 - 27.

Krämer, Michael (Hrsg.): Begegnungen mit Heine. Berichte der Zeitgenossen. Fortführung von H(einz) H(ubert). Houbens „Gespräche mit Heine". Bd. 1 (1797 - 1846) u. 2 (1847 - 1856). Hamburg 1973.

Kruse: Geschichte der Seebadeanstalt Norderney. Eine Festschrift zur Hundertjahrfeier des Seebades von Sanitätsrath Dr. Kruse, Königl. Badearzt in Norderney. Norden und Norderney 1899.

Kruse, Joseph A.: Heines Hamburger Zeit. (= Heine-Studien 2), Hamburg 1972.

Kruse, Joseph A.: Nordseeliebe. In: 1000 Deutsche Gedichte und ihre Interpretationen. Bd. 4. Frankfurt a. M. 1994. S. 46-48.

Kruse, Joseph A.: Denk ich an Heine. Biographisch-literarische Facetten. Düsseldorf 1986.

Kruse, Joseph A.: Heinrich Heine. Leben und Werk in Daten und Bildern, Frankfurt am Main 1983.

Kruse, Joseph A. (Hrsg.): Heinrich Heine. Einblicke und Assoziationen. Düsseldorf 1988.

Kruse, Joseph A., Witte, Bernd und Füllner, Karin (Hrsg.): Aufklärung und Skepsis. Internationaler Heine-Kongreß 1997 zum 200. Geburtstag. Stuttgart und Weimar 1998.

Lewald, Fanny: Meine Lebensgeschichte. Hrsg. von Gisela Brinker-Gabler. Frankfurt/M. 1980.

Liedtke, Christian: Heinrich Heine. Reinbek bei Hamburg 1999.

Marcuse, Ludwig: Heinrich Heine in Selbstzeugnissen und Bilddokumenten, Reinbek bei Hamburg 1960 u. ö.

Mayer, Hans: Außenseiter. Frankfurt/M. 1981.

Mayer, Hans: Der Weg Heinrich Heines. Frankfurt 1998.

Mende, Fritz: Heinrich Heine. Chronik seines Lebens und Werkes. Zweite, bearbeitete und erweiterte Auflage, Stuttgart etc. 1981.

Meier, Barbara: Robert Schumann. Reinbek bei Hamburg 1995.

Müller, Joachim: Heines Nordseegedichte. Eine Strukturanalyse. In: Müller, Joachim: Von Schiller bis Heine. Niemeyer, Halle 1972. S. 492-580.

Nationale Forschungs- und Gedenkstätten der klassischen deutschen Literatur in Weimar/Centre Nationale de le Recherche Scientifique in Paris: Heinrich Heine, Säkularausgabe. Werke, Briefwechsel, Lebenszeugnisse, Berlin/Paris 1970 ff.

Pictures of Travel. Translated by Charles G. Leland. 1855.

Prignitz, Horst: Vom Badekarren zum Strandkorb. Leipzig 1977.

Raddatz, Fritz J.: Heine. Ein deutsches Märchen. Hamburg 1977.

Raddatz, Fritz J.: Taubenherz und Geierschnabel. Heinrich Heine. Eine Biographie. Weinheim und Berlin 1997.

Reich-Ranicki, Marcel: Der Fall Heine. Stuttgart 1997.

Reinhold, C. F.: Heinrich Heine. Sein Leben in Selbstzeugnissen, Briefen und Berichten. Berlin 1947.

Reins, C. G.: Die Insel Nordernei nach ihrem früheren und ihrem gegenwärtigen Zustande. Hannover 1853.

Rykena, St. A.: Beiträge zur Geschichte von Norderney bis zum Jahr 1866. Norden 1912.

Robertson, Ritchie: Heine. New York 1988.

Sammons, Jeffrey L.: Heinrich Heine. A modern Biography. Princeton 1979.

Schubert, Dietrich: „Jetzt wohin?" Heinrich Heine in seinen verhinderten und errichteten Denkmälern. Köln, Weimar, Wien 1999.

Siebs, Benno Eide: Die Norderneyer. Norden 1930.

Spann, Meno: Heine. New York 1966.

Sternberger, Dolf: Heinrich Heine und die Abschaffung der Sünde. Hamburg und Düsseldorf 1972.

Trilse-Finkelstein, Jochanan Ch.: Heinrich Heine. Leipzig 1990.

Trilse-Finkelstein, Jochanan: Gelebter Widerspruch. Heinrich Heine. Biographie. Berlin 1997.

Uhlmann, Alfred M.: Heinrich Heine. Sein Leben in Bildern, Leipzig 1956.

Wallmann, Eckhard: Heinrich Heine auf Helgoland. Briefe, Berichte und Bilder aus den ersten Jahren des Seebades Helgoland. Otterndorf 1997.

Wedekind, Eduard: Studentenleben in der Biedermeierzeit. Ein Tagebuch aus dem Jahre 1824. Hrsg. von H. H. Houben. Göttingen o. J. (1927).

Wiechmann, Hermann Adolf (Hrsg.): Das Meer - Das Meer. Stimmungsbilder. München 1924.

Ziegler, Edda: Heinrich Heine. Leben, Werk, Wirkung. Zürich 1993.

Bildverzeichnis

Danksagung

Bei der Herstellung des Buches erfuhr ich vielfache Unterstützung. Vor allem danke ich Juliana und Matthias für die Lektorats-Arbeit sowie Christiane und Hans Martin für die Herstellung des Layouts. Gedankt sei auch den Verlagen und Archiven, dem Heinrich-Heine-Institut Düsseldorf, dem Bomann-Museum in Celle, vor allem aber dem Stadtarchiv Norderney mit seinem Leiter Manfred Bätje. Ein besonderer Dank gilt der AG Reederei Norden-Frisia mit den Herren Dr. Carl Ulfert Stegmann und Hans-Lothar Graw für ihre Förderung des Projekts. Meiner Frau Lieselotte danke ich für ihre Geduld mit Heinrich Heine.

Schon 1920 war Norderney beliebtes Erholungsziel
für Bade- und Kurgäste aus aller Welt. Und schon
damals erstand man bei Hermann Opitz die
neuesten literarischen Werke, gebunden in feines
Leder oder Leinen und ließ sich Gedichte über das Meer
als Souvenir einpacken.

Heute bieten wir Ihnen neben der klassischen und
modernen Belletristik auch eine große Auswahl
an Sachbüchern, Hobby- und Freizeitliteratur,
Kinder- und Jugendbüchern sowie ein
reichhaltiges Angebot gerahmter/ungerahmter
Kunstdrucke und Radierungen

Auch in der dritten Generation
hat sich nichts an der freundlichen
und fachkundigen Beratung geändert.

Wir laden Sie ein, in unseren Räumen
abseits der Bestseller-Listen
zu stöbern, sich informieren zu lassen
und Bibliophiles life zu erleben

Buchhandlung Hermann Opitz
Poststraße 14, 26548 Norderney
tel 04932 2136, fax 04932 81028
www.buch-opitz.de

Seit 1797 Heilbad im Meer

NORDERNEY

NIEDERSÄCHSISCHES STAATSBAD NORDERNEY
Postfach 1355 - 26535 Norderney - Tel. 04932/891-0